AF432960

LA SEGUNDA REPÚBLICA ESPAÑOLA

Eduardo Montagut

LA SEGUNDA REPÚBLICA ESPAÑOLA

1931-1932

Dos años que cambiaron
para siempre la historia de España

Biblos

Queda prohibida, salvo excepción prevista en la ley, cualquier forma de reproducción, distribución, comunicación pública y transformación de esta obra sin contar con la autorización de los titulares de propiedad intelectual. La infracción de los derechos mencionados puede ser constitutiva de delito contra la propiedad intelectual (art. 270 y siguientes del Código Penal). El Centro Español de Derechos Repográficos (CEDRO) vela por el respeto de los citados derechos.

En la redacción del presente libro mencionamos logotipos, nombres comerciales y marcas de ciertas empresas u organizaciones, cuyos derechos pertenecen a sus respectivos dueños. Este uso se hace en virtud del artículo 37 de la actual Ley 17/2001, de 7 de diciembre, de Marcas, sin que esta utilización suponga relación alguna del presente libro con las mencionadas marcas ni con sus legítimos propietarios. En ningún caso, estas menciones deben ser consideradas como recomendación, distribución o patrocinio de los productos o servicios o, en general, contenidos titularidad de terceros.

Primera edición: abril de 2025

© Eduardo Montagut
© Editatum
www.editatum.com
www.libros-biblos.com

Diseño de cubierta: © Marta Villarín (EDITATUM)
Maquetación de interior: © EDITATUM
ISBN: 979-13-87539-37-5
Depósito legal: M-5896-2025
Impreso en España–*Printed in Spain*

Índice

En recuerdo de los españoles y españolas que salieron como en una fiesta el 14 de abril de 1931 por las calles y plazas de España.

Introducción

Este libro está formado por una recopilación de trabajos nuestros en prensa, aunque actualizados, sobre el primer bienio de Segunda República, centrándonos en 1931 y 1932, es decir, la época de mayor ilusión y de reformas del nuevo régimen, cuando se intentó diseñar un programa completo para cambiar España de forma intensa. El año 1933 sería de clara crisis del proyecto. De una República que podemos calificar de ilusionante se pasó a una República en tensión.

Teníamos desde hace tiempo el interés de agrupar, estructurar y ordenar nuestros distintos acercamientos a esta etapa histórica para ofrecer una visión que pudiera ser sugerente de parte de la primera etapa de la República, momento fundamental de la historia contemporánea española. Por un lado, además de que se plantean cuestiones más conocidas y debatidas, otras que aquí tratamos son, a nuestro juicio, novedosas, menos conocidas o menos transitadas por la historiografía. En todo caso, no se ha pretendido tocar todos los aspectos o temas ni se ha desarrollado en este libro una vocación exhaustiva. Pueden faltar algunos asuntos. El hilo conductor siempre ha sido plantear el panorama de reformas, de cambios, de políticas novedosas, aunque, como vemos en un capítulo, habría una España que no quería estos cambios y los veía como innecesarios o contrarios a sus intereses y planteamientos ideológicos y políticos. Pero el objetivo prioritario de este libro ha sido estudiar el proyecto de cambio.

Pretendemos, con este método, aportar como *flashes* que llamen a la reflexión, a la interpretación y, por supuesto, a la crítica. No estaríamos ante un relato cronológico del período elegido, sino más bien, un acercamiento temático. Nuestro afán siempre es pedagógico en nuestros libros con un ánimo divulgativo, pero con rigor, y nunca desde la pretendida asepsia de algunos, que, en realidad, esconden con esa pretensión de objetividad visiones muy evidentes del pasado, pero tampoco con ningún afán destructivo, fruto de las corrientes revisionistas condenatorias sin paliativos sobre el primer intento serio de democratización y modernización de España, con todos los problemas y precipitaciones que se quiera, y también con fuertes enemigos para que eso ocurriera y terminara fracasando, sin olvidar las presiones de quienes querían cambios más profundos y, sobre todo, rápidos, y en un contexto internacional nada favorable, como es sabido, hacia la democracia, ya fuera por las tentaciones autoritarias y fascistas, ya por la alternativa comunista.

Esperamos, como siempre, ser útiles y provocar que el lector se sienta estimulado a profundizar más sobre la enorme importancia que tuvo aquel breve momento histórico, pero tan trascendente para quienes lo vivieron, y para los que vinieron después, tanto si se defendió como si se combatió. Hoy en día, la Segunda República y su memoria siguen presentes en nuestras vidas, y eso no es, ni mucho menos negativo, como no puede serlo el pasado para entender muchas cosas que vinieron después, y que también vivimos hoy, pero sin que olvidemos que, como experiencia sugerente, en todos los sentidos, en los positivos y y en los negativos, nos puede ayudar a pensar proyectos de futuro.

Abril de 1931

El proceso histórico hacia la Segunda República

El Gobierno del general Berenguer pretendía establecer un proceso ordenado de transición para regresar a la normalidad constitucional previa al golpe de Miguel Primo de Rivera. Pero se deseaba volver a un sistema ya desprestigiado en su momento, pero también uno de sus pilares, la Monarquía, se había deteriorado considerablemente, precisamente por haber comprometido su suerte a la de la Dictadura. Ese deterioro había provocado la deserción de una parte considerable de la propia clase política del sistema de la Restauración. Berenguer enfocó la cuestión de la transición sin tener en cuenta estos factores. Era imposible regresar al año 1923 en 1930, y de ahí su fracaso.

En su momento, Berenguer había adoptado una postura de oposición moderada a la Dictadura. Primo de Rivera había presentado al rey, antes de despedirse, una terna de sucesores y Berenguer era el más liberal de los tres. Así pues, Alfonso XIII le encargó formar gobierno. El general se pronunció sobre su deseo de regresar a la normalidad constitucional, y anunció una serie de medidas liberalizadores que fueron bien recibidas, en principio, por la opinión pública. Pero

Berenguer no era un político y no supo moverse en las arenas movedizas de la política española heredada del sistema de la Restauración, complicada con el creciente poder de las fuerzas políticas y sociales ajenas a dicho sistema. Además, como hemos señalado, muchos políticos monárquicos decidieron no colaborar con el Gobierno. En esa actitud destacaría Sánchez Guerra que lanzó durísimas diatribas contra el rey, al considerar que en la Dictadura «el impulso fue soberano». Otros, como Ossorio y Gallardo, fueron más moderados en sus críticas. Ossorio siguió siendo «monárquico, pero sin rey», pero el paso hacia el republicanismo era algo más complicado y solamente lo dieron dos políticos de importancia: Miguel Maura[1] y Niceto Alcalá-Zamora[2]. Ambos representarían una opción republicana moderada y católica.

Pero, además, el ritmo de la transición era lentísimo, por lo que el Gobierno de Berenguer fue calificado de «Dictablanda». Lo que había comenzado bien terminó por ser muy criticado, provocando más deserciones de la causa monárquica y un deterioro de la popularidad del militar. La opinión pública volvió a tener un peso considerable, después de la censura de la época de Primo de Rivera al aflojarse los mecanismos de control.

Berenguer solo podía contar con el apoyo de los sectores más conservadores, los que más hundían sus raíces en el caciquismo. Así pues, este nuevo Gobierno se volvió a basar en los peores pilares del sistema de la Restauración, otro factor importante a tener en cuenta para entender su fracaso. Tampoco la política llevada por este Gobierno fue audaz o novedosa; por ejemplo, se aplicó una política presupuestaria muy restrictiva sin gasto de ningún tipo, una falta de inversiones en obras públicas que podría haber paliado algo el paro creciente, porque la bonanza económica de la pasada década se había esfumado.

---

1. Miguel Maura escribió una obra sugestiva a propósito del proceso de llegada de la República, *Así cayó Alfonso XIII: De una dictadura a otra,* Madrid, Marcial Pons, 2007, en la edición moderna.

2. La biografía de Niceto Alcalá-Zamora en, José Luis Casas Sánchez, *Niceto Alcalá-Zamora y Torres (1887-1949),* Carcabuey, 2006.

Pero también es cierto que la extrema derecha tampoco simpatizaba con Berenguer. La Unión Patriótica[3] , el partido creado por Primo de Rivera, ahora reconvertido en Unión Monárquica Nacional, aunque mucho menos influyente que en el pasado, criticó los proyectos de Berenguer y los intentos de regresar al sistema constitucional.

En relación con el rey existe un cierto debate historiográfico sobre sus ideas en ese momento. Algunos piensan que si hubiera podido habría abandonado el trono antes de lo que lo hizo, pero estaba preocupado por la pésima salud del príncipe de Asturias. De hecho, al parecer, llegó a hablar con Santiago Alba sobre la posibilidad de realizar un plebiscito sobre su persona; pero, en todo caso, Alfonso XIII no tomó ninguna decisión sobre abandonar el trono.

Ortega y Gasset retrató este período en su famoso artículo *El error Berenguer.* Para el filósofo, lo principal no era que el general cometiera errores, el error había sido nombrarle presidente del Consejo de ministros. Ortega lanzó su dardo contra la Monarquía, al hacerla responsable de la situación y hasta de los problemas del país desde el pasado.

Las fuerzas políticas y sociales al margen de la Dictadura y del sistema de la Restauración se crecieron en este momento. Los socialistas terminaron por superar, no sin grandes dificultades, el debate sobre la colaboración o no con Primo de Rivera y se declaraban abiertamente por terminar con la Monarquía. Fue el momento del protagonismo político de Indalecio Prieto que, personalmente, se comprometió en el Pacto de San Sebastián con los republicanos. Por su parte, la CNT volvió a ser legalizada y comenzó un rápido proceso de reconstrucción, después de la persecución a la que se había visto sometida por Primo de Rivera. En agosto de 1930 se firmó el Pacto de San Sebastián, alianza

---

3.   Sobre la Unión Patriótica puede consultarse el trabajo de Eduardo González Calleja, *La España de Primo de Rivera. La modernización autoritaria, 1923-1930,* Madrid, Alianza Editorial, 2005. También, José Luis Rodríguez Jiménez, *La extrema derecha española en el siglo XX,* Madrid, Alianza Editorial, 1997.

entre el republicanismo histórico y el nuevo, y con el socialismo, aunque con iniciales reticencias por parte de este.

El republicanismo español alcanzó su oportunidad histórica no tanto por su fuerza, sino por el desprestigio de la Monarquía entre amplias capas sociales del país. Una parte considerable de la sociedad española comenzó a pensar que la alternativa no era regresar al sistema liberal anterior, que había demostrado su incapacidad por reconvertirse o evolucionar hacia una plena democracia, sino caminar hacia la República. Los intelectuales tuvieron un especial protagonismo en esta movilización social republicana.

El ejército español, por su parte, jugó también un papel en el camino hacia la instauración de la República. En algunos sectores militares, fuera de la alta oficialidad, había un claro malestar.

En la segunda mitad de 1930 el Gobierno de Dámaso Berenguer entró en franca crisis, como lo demuestran los fallidos intentos de frenar la caída de la peseta y la creciente movilización republicana en grandes actos públicos. La extrema derecha reaccionó a esta movilización con la violencia de los grupos denominados Legionarios de España del Partido Nacionalista Español[4]. El Gobierno respondió con medidas represoras frente a las células republicanas en el ejército o

---

4.   La primera formación política española que puede ser considerada como fascista fue el Partido Nacionalista Español, que en el año 1930 creó el doctor José María Albiñana, natural de Enguera (Valencia). Este especialista en enfermedades nerviosas y mentales trabajó en México de donde terminaría siendo expulsado por participar en una campaña contra el presidente Plutarco Elías Calles, que había fundado el PNR, precedente del PRI, teniendo que regresar a España. Fue elegido diputado por Burgos en el año 1933 y también en las elecciones de 1936. En principio, se integró en el grupo de Renovación Española hasta finales del año 1934, para pasar después al grupo del Bloque Nacional de Calvo Sotelo. El lema del partido era «Religión, Patria, Monarquía». Se consideraba una «hermandad hispana de acción enérgica». El PNE quería luchar contra los considerados enemigos de la patria. El partido estaba formado por aristócratas monárquicos muy reaccionarios, pero también contaba con campesinos castellanos muy conservadores. Esa heterogeneidad influyó en el programa del PNE. Unía ideas nacionalistas de unidad de España y hasta imperialistas, ya que España debía actuar para impedir su descrédito, con otras antisemitas y de defensa de la Monarquía y de la religión católica, junto con un cierto agrarismo y un programa social y educativo, apelando a la violencia, pero sin una articulación muy clara. Los albiñanistas contaron con fuerzas de choque, como todos los movimientos fascistas, los denominados legionarios. Estuvieron presentes en muchos actos y situaciones contra la República, especialmente en las conspiraciones, lo que hizo que se incorporaran a la formación algunos militares. Pero, en realidad, el PNE no tuvo una gran fuerza ni repercusión significativa en la España de los años treinta.

deteniendo a los dirigentes más radicales de la oposición. En noviembre la UGT y la CNT convocaron una huelga general en Madrid en protesta por un accidente laboral, huelga que se extendió a Barcelona y otras capitales. El conflicto le costó el puesto al ministro de la Gobernación.

El Comité de la Conjunción, nacido del Pacto de San Sebastián, se autoproclamó Gobierno provisional de la República. En este momento dedicó sus esfuerzos a preparar el levantamiento contra el sistema. Este levantamiento debía iniciarse con una insurrección militar al mando del general Queipo de Llano y sería apoyado por una huelga general, en la que se esperaba el apoyo de los anarcosindicalistas. Pero esta sublevación no se organizó muy bien, especialmente en lo que se refiere a la coordinación de sus elementos. El día 12 de diciembre, los capitales Galán y García Hernández se sublevaron en Jaca, pero fueron derrotados con facilidad por las tropas leales al Gobierno y ejecutados tras un consejo de guerra. Se detuvo al Comité republicano y abortó el intento de golpe del aeródromo de Cuatro Vientos. Aunque las organizaciones obreras declararon la huelga general para el día 15 la inhibición de la dirección de la UGT y la proclamación del estado de guerra hicieron que fracasara. Aunque el Gobierno Berenguer había frenado el intento de sublevación y de huelga general había perdido la batalla de la opinión pública. Los ejecutados en Jaca se convirtieron en mártires, y los líderes republicanos encarcelados o exiliados recibieron el apoyo popular en grandes manifestaciones.

El general Berenguer deseaba la convocatoria de elecciones generales, pero entre las fuerzas dinásticas comenzó a cundir la idea de que no era una buena idea, una vez que los republicanos habían decretado el boicot a estas elecciones. El Centro Constitucional se pronunció a finales de enero de 1931 por la abstención. Los socialistas también se inclinaron por esta misma opción. Pero el día 8 de febrero el gobierno convocó las elecciones generales para el día 1 de marzo. Para que se dieran elecciones era obligatorio que se restablecieran las garantías constitucionales durante la campaña electoral. Ese restablecimiento de libertades fue fundamental para el avance de la causa republicana. Dos días después del decreto de elecciones, nació la Agrupación al Servicio de la República de Ortega y Gasset y otros destacados intelectuales. Además, para empeorar más la situación para el Gobierno Berenguer, destacados liberales, como Romanones y Manuel García Prieto, solicitaron la abstención electoral. Cambó aconsejó al monarca que anulara las elecciones y que formase un Gobierno de concentración presidido por el liberal Santiago Alba. Berenguer estaba aislado, y optó por dimitir el 14 de febrero. La convocatoria de elecciones se suspendió.

Ante la dimisión de Berenguer el rey optó por buscar una solución hacia la izquierda dinástica. La baza podría haber sido Santiago Alba, pero este se negó. Por otro lado, Alfonso XIII no aceptó las pretensiones de los constitucionalistas de Melquíades Álvarez. El problema era tan grave que el monarca contactó con Sánchez Guerra, el político conservador que tanto le había criticado y que se había enfrentado a la Dictadura de Primo de Rivera. Pero esta opción no cuajó. Ante esta situación, el rey presionó a los políticos dinásticos para que aceptaran formar un Gobierno de concentración. Al final, el 18 de febrero se formó un Gobierno presidido por el almirante José Bautista Aznar, personaje con escasísima experiencia política. Realmente, la figura predominante de este ejecutivo era el incombustible conde de Romanones. En el Gobierno estaban también Bugallal, Juan de la Cierva, García Prieto, Gabriel Maura, Joan Ventosa y el propio Berenguer, como figuras más destacadas. Era un Gobierno que representaba, claramente, el pasado, por lo que no levantó ningún entusiasmo.

El nuevo Gobierno tomó la decisión de ralentizar la vuelta a la normalidad constitucional a través de un calendario de consultas electorales, que comenzaría con las municipales para el 12 de febrero, las provinciales para el 3 de mayo y, por fin, las generales para el 7 y 14 de mayo de 1931. El objetivo del ejecutivo era que las elecciones municipales terminaran con la interinidad establecida por el Gobierno anterior en los consistorios y otorgar credibilidad democrática a todo el proceso electoral restante.

Mientras llegaban las elecciones del 12 de abril, el Gobierno Aznar tuvo que hacer frente a una intensificación de la movilización social y política de la oposición. Los estudiantes se destacaron en las manifestaciones. La condena a muerte el 18 de marzo del capitán Sediles, aunque luego indultado, desencadenó importantes manifestaciones estudiantiles en varias ciudades. Estas manifestaciones alcanzaron su cénit cuando el día 23 de marzo se dio a conocer la liberación de los miembros del Comité Republicano. La FUE comenzó a adoptar una actitud insurreccional con el apoyo obrero, especialmente cuando la policía mató a un estudiante de la Facultad de Medicina de la Universidad Central. Esta marea estudiantil desconcertó al Gobierno.

La campaña electoral para las municipales frenó, en principio, la conflictividad. Las elecciones municipales, como hemos señalado, pretendían dar legitimidad al período de transición y del proceso electoral, pero fueron un error estratégico del Gobierno, ya que, los republicanos y los socialistas eran muy fuertes en las ciudades, cuyo voto estaba ya libre de las manipulaciones electorales del caciquismo. De hecho, ni unos ni los otros optaron por la abstención ni el retraimiento electoral. Además, no debemos olvidar que hacía ocho años que no había habido elecciones y el censo electoral español había cambiado, tanto en su número como en su composición, sin olvidar que la maquinaria electoral caciquil estaba desengrasada. Las fuerzas gubernamentales o dinásticas confiaban en el voto rural y no se movilizaron especialmente, desarrollando una campaña electoral basada en el argumento del miedo. Por el contrario, la Conjunción republicana-socialista desarrolló una campaña muy activa y coordinada. El argumento principal de la campaña giraba en torno a la idea que estas elecciones eran un plebiscito por la República que, a medio plazo llegaría.

Las elecciones, en realidad, dieron más concejales a los monárquicos pero la victoria completa en la mayoría de las ciudades españolas, donde había más población, fue claramente a favor de la conjunción de republicanos y socialistas. Los hechos se precipitaron y se proclamó la República.

Las mentalidades enfrentadas en la Segunda República

Al comenzar la década de los treinta la sociedad española presentaba un claro desequilibrio en relación con la distribución de la renta. La situación social de los jornaleros del centro y centro-sur peninsular era muy delicada, mucho peor que la de los obreros industriales. El campo seguía muy atrasado y el caciquismo continuaba ejerciendo su poder. El analfabetismo alcanzaba al 33 % de la población y la mitad de la población infantil no estaba escolarizada. La mujer vivía una situación legal de clara dependencia masculina.

La estructura del Estado español era muy deficiente, con un sistema fiscal débil e injusto que impedía contar con servicios públicos eficientes, sin una adecuada atención sanitaria ni con una red de escuelas públicas, por lo que no había ningún tipo de redistribución de la renta a favor de las clases más desfavorecidas, la mayoría de la población.

La Segunda República supuso un choque contra la inercia de las posiciones tradicionales. La mentalidad tradicional era defendida por la oligarquía terrateniente, los monárquicos, la Iglesia Católica y un sector importante del Ejército. Se trataba de una mezcla de paternalismo y prepotencia, además de desconfianza ante las nuevas ideas. La ideología era contraria a las reformas que afectasen a la propiedad, a la relación entre la Iglesia y el Estado, así como a la organización territorial del Estado. La tendencia de estos sectores era hacia el autoritarismo. Las propuestas de cambio eran siempre vistas como sinónimos de subversión o desorden.

Los pequeños propietarios y las clases medias rurales compartían la mentalidad tradicional. Este grupo representaba un porcentaje importante de la población española, especialmente en el centro y norte peninsulares, y fue parte fundamental de la base electoral de los partidos políticos de derechas o centro–derecha.

Las propuestas de cambio procedían, con claras diferencias internas en relación con las reformas a emprender, de las clases medias urbanas progresistas republicanas, de los intelectuales y artistas, y del proletariado industrial y agrícola vinculado al socialismo y al anarquismo. También estaría en este grupo el nacionalismo de izquierdas catalán.

La Constitución de 1931 y la política reformista del primer Bienio y del Frente Popular fueron el reflejo de esta mentalidad de cambio: derechos individuales y colectivos, derechos de la mujer, laicismo, consideración de la propiedad como algo social y supeditado a los intereses comunes, autonomías, estado del bienestar, educación pública, política cultural, reformas agraria y militar.

A pesar de los intentos por establecer un cauce de convivencia democrática, el choque de mentalidades fue profundo. La República generó inmensas expectativas entre los sectores más desfavorecidos, pero el primigenio espíritu se desvaneció muy pronto por las dificultades y resistencias encontradas, así como por el apremio de los más desfavorecidos, favoreciendo el radicalismo de una parte de la izquierda. Por su parte, la República desarrolló en los grupos oligárquicos y en las derechas un terror y odio profundo desde el primer momento, que optaron por la salida conspirativa y autoritaria.

Las mujeres socialistas ante las elecciones del 12 de abril de 1931

Las mujeres socialistas se movilizaron para que los hombres acudiesen masivamente a votar por la Conjunción republicano-socialista en las elecciones municipales del 12 de abril de 1931, de tanta trascendencia histórica. La destacada sindicalista Claudina García se empeñó en la movilización femenina para estas elecciones[5].

La bordadora Claudina García Pérez (1889–1868) fue una mujer fundamental en la historia del socialismo español[6]. En 1918 ingresó en la Agrupación Socialista Femenina, ocupando distintas responsabilidades internas y representando al Grupo en el Congreso del PSOE de 1921. Pero también fue una activa sindicalista en el ramo textil femenino de la UGT, y en su Comité Nacional. Fue candidata socialista en las elecciones de 1933 por Palencia. Al acabar la guerra sufrió la represión en la Cárcel de Ventas, aunque consiguió salir pronto, en 1940. Durante la época franquista se convirtió en una de las mujeres socialistas más activas, tanto en la clandestinidad, como luego en el exilio, al tener que huir. Terminaría sus días en México.

Pues bien, Claudina instó desde las páginas del periódico *El Socialista* a que las mujeres animasen a votar a los hombres, pero sobre todo para que no se manipulase su voto. Su artículo venía a ser la respuesta a la movilización de las mujeres de clase alta, entre las que destacaron la vizcondesa de San Enrique, la duquesa de la Victoria, entre las aristócratas, y las Esclavas de Jesús en el ámbito religioso, que durante la campaña electoral habían salido en defensa del régimen monárquico porque, como afirmaba Claudina, de ello dependían sus privilegios. Para la autora, las mujeres socialistas y republicanas (recordemos la alianza electoral de ambas fuerzas) y todas las trabajadoras, ya fueran

---

5. *El Socialista,* número 6910, correspondiente al 11 de abril.
6. *Diccionario Biográfico del Socialismo Español.*

manuales o intelectuales, debían también movilizarse por el orden, pero por un orden basado en la justicia y la libertad.

Las mujeres no tendrían derecho al voto, pero era imprescindible que las obreras estuviesen el domingo 12 de abril en las calles, en las puertas de los colegios electorales y donde hiciera falta para evitar que, aprovechando la incultura y la miseria, se manipulase el voto con amenazas de despidos, promesas de colocación y otros mecanismos de influencia o presión. El objetivo era sacar adelante las candidaturas republicano-socialistas. Había que defender la República, como primer paso para establecer un régimen que permitiera alcanzar las reivindicaciones sociales. Y para ello, llamaba a la movilización de cada sector recordando sus propias demandas. A las trabajadoras del hogar les recordó su aspiración a conseguir una Casa Hogar; a las obreras de la aguja, fábrica y taller su lucha por sus mejoras económicas y sociales; y, por fin, a todas las mujeres su empeño por el abaratamiento de las subsistencias, por las viviendas baratas y dignas, y su lucha por la cultura, la justicia, la paz y la libertad.

Nuestra protagonista recordaba la doble condición de mujeres y obreras, así pues, doblemente explotadas por un régimen de injusticia y opresión, y que conducía a muchas a la pobreza y la consiguiente prostitución, tolerada por la religión y sostenida por el capitalismo; mujeres explotadas como obreras, y que, al mismo tiempo, podían servir de «carne de placer».

Había que movilizarse para alcanzar la victoria por la dignidad de las mujeres, pero también por los ancianos y la infancia, por la paz, hasta por el honor de España. Estas elecciones eran contempladas por nuestra protagonista en el encendido artículo que escribió, como el primer paso para derribar la Monarquía e instaurar la República.

Los protagonistas en las elecciones del 12 de abril de 1931

Los socialistas consideraron que todo el mundo había cumplido con su deber el domingo electoral, es decir, candidatos, electores, interventores y apoderados, aunque querían dejar testimonio público de dos grupos especialmente comprometidos: los estudiantes y las mujeres.

La jornada electoral se habría desarrollado como si se hubiera ensayado anteriormente. Abiertos los colegios electorales en Madrid a las ocho de la mañana, muy pronto se llenaron de colas de electores, motivados por «los imperativos del deber», y eso, se aludía, a la poca simpatía por madrugar de los madrileños.

No hubo voces, provocaciones, ni gritos intempestivos. Los ciudadanos realizaron su deber político de forma serena.

Los interventores y apoderados, repartidores de candidaturas y elementos auxiliares cumplieron con su deber con la «seriedad proverbial» del Partido Socialista. Cada uno en su puesto. Lo más sorprendente para *El Socialista* había sido la intervención de las mujeres. Debemos recordar que todavía no podían votar. Pues bien, probada la disposición de las mujeres socialistas, acostumbradas al compromiso, asombró la de cantidad las mujeres de la clase media (en segura alusión a las mujeres de las fuerzas republicanas), «inflamadas por el más ardiente patriotismo»[7].

Apelando a los jóvenes

Los socialistas realizaron una encendida defensa de la juventud en abril de 1931 para conseguir que se rebajara la edad de voto para las elecciones a Cortes Constituyentes, que se celebrarían a finales de junio.

---

7. *El Socialista,* nº 6920 del histórico día del 14 de abril de 1931.

Debemos recordar que la Ley Electoral de 1907 establecía en su primer artículo que eran electores para diputados a Cortes y concejales todos los españoles varones mayores de veinticinco años[8].

Los socialistas consideraron en su apelación para conseguir rebajar la edad para poder votar, antes de entrar en el debate sobre el derecho al sufragio femenino, que no se podía negar ese derecho a una juventud como la española que había dado una «espléndida prueba de conciencia civil y sensibilidad política». La juventud se había ganado el derecho al voto, y lo había hecho por su actuación en el proceso político que había llevado al derrumbamiento del régimen monárquico. Es más, consideraban que no había ejemplos fuera de España como el que se había producido aquí, y protagonizado por la juventud. Y no se trataba solamente de la juventud obrera porque eso no podía ser una sorpresa para los socialistas, dados sus ideales, sino también de la juventud universitaria, cuyo ímpetu había estado sofocado por el peso de las tradiciones.

Los socialistas solicitaban una rebaja de la edad considerable para poder votar, ya que defendían que fuera a los veintiún años.

El voto de los jóvenes no se contemplaba solamente como un premio por el trabajo realizado, por el ejemplo demostrado, sino porque, además, se consideraba podía ser una garantía para la República. Su voto sería una especie de acicate («no importa la impaciencia»), que en todo régimen político parecía necesario. No se podía desconfiar de la juventud, porque eso constituía un verdadero agravio. Una juventud que había sabido levantarse contra el dictador, en alusión a las movilizaciones estudiantiles que se habían producido al final de la Dictadura de Primo de Rivera, y después en general contra un régimen, calificado de vil y arbitrario, había demostrado su mayoría de edad.

La apelación socialista tendría un relativo éxito porque el Gobierno Provisional a fines de abril aprobó fijar la edad para poder gozar del

---

8. *El Socialista,* nº 6926 de 21 de abril de 1931.

sufragio activo y pasivo no en veintiún años sino en veintitrés, apelando a que había que hacer justicia a la juventud española, y en armonía con el espíritu de las legislaciones de otros países.

La decisión del rey según Ossorio y Gallardo el 14 de abril de 1931

Ángel Ossorio y Gallardo realizó unas declaraciones sobre el trascendental momento histórico que vivió España en torno al 14 de abril de 1931, centrándose en la decisión que debía tomar el rey, y que tienen su interés desde su posición monárquica heterodoxa[9].

Ossorio y Gallardo fue un destacado político del tiempo del reinado de Alfonso XIII desde el Partido Conservador: concejal en Madrid, diputado, gobernador civil en Barcelona, ministro de Fomento, y aunque nunca dejó de ser monárquico, comenzó a desvincularse del monarca en tiempos de la Dictadura de Primo de Rivera, a la que criticó intensamente. Ossorio y Gallardo puede ser considerado un defensor de la democracia cristiana, terminando por abandonar el Partido Conservador. Ossorio se consideraba como un «monárquico sin rey al servicio de la República». En el nuevo régimen fue también diputado, decano del Colegio de Abogados de Madrid, y defensor de Companys en el juicio al que se le sometió por los Hechos del Seis de octubre, teniendo un evidente protagonismo en el debate sobre Cataluña en la República, desde una postura bastante favorable hacia la autonomía de la primera. En la guerra fue embajador en distintos países, entre ellos, Argentina, donde se exiliaría. Formaría parte del Gobierno en el exilio de Giral.

---

9. Hemos consultado el número 6921 de *El Socialista*. Sobre Ossorio hay una abundante bibliografía. Planteamos un trabajo que puede ayudarnos a entender a esta figura: Antonio Miguel López García. *Ángel Ossorio y Gallardo. Biografía política de un conservador heterodoxo*, Madrid, 2007.

Ossorio y Gallardo afirmaba que, aunque algunos insistían en que las elecciones habían sido administrativas (municipales), olvidaban que el Gobierno y la prensa de la derecha habían sido los que habían acentuado su carácter eminentemente político. Se estaba especulando con la posibilidad de una abdicación como un medio para ir hacia unas elecciones legislativas que podrían ser una manera de ganar tiempo. En este sentido, nuestro protagonista quería explicar que, como monárquico de siempre, había propuesto el mismo la abdicación en mayo de 1930 en Zaragoza, en la figura del príncipe de Asturias. Al parecer, había insistido en la cuestión en noviembre en Valencia, pero había advertido que ya podía ser tarde para abdicar en el príncipe, y que había que hacerlo en la «soberanía nacional». Eso había provocado fuertes críticas de los medios conservadores, mientras Ossorio consideraba que hubiera sido mejor que dichos periódicos hubieran analizado con menos pasión su propuesta.

Ahora se volvía hablar de abdicación en el príncipe, pero ya sí era claramente tarde, se había perdido la oportunidad, para Ossorio. La renuncia unos meses antes podía haber abierto el camino hacia un plebiscito, pero en ese momento del 14 de abril simplemente sería una artimaña.

Ossorio advertía a los sectores conservadores y monárquicos que defraudar lo que se había votado abriría la puerta a la revolución violenta, porque cuando el pueblo se movía por los caminos de la legalidad y era burlado, se entregaba al extremismo.

El rey y sus defensores debían entender que si los errores de la República la hicieran fracasar cabría pensar en la Restauración en otra persona, pero siempre y cuando el rey cesase de sus funciones sin «dejar ninguna huella sangrienta». Pero Ossorio no quería hacer más elucubraciones, y pensaba que Alfonso XIII colocaría por encima de todo la paz en España, es decir, que comprendería lo que tendría que hacer.

Los socialistas y el fin de los Borbones en la Historia

En el número del 15 de abril de 1931 del periódico *El Socialista* se incluyó un artículo en la primera página con el título de «La caída de la dinastía» donde se realizaba una suerte de comparación entre dos momentos históricos separados por 63 años, esto es, la Revolución de septiembre de 1868, la conocida como la «Gloriosa» y las elecciones municipales de abril de 1931. Ambos acontecimientos habían llevado a la caída de la dinastía de los Borbones.

El artículo afirmaba que en 1868 se había expulsado a la reina Isabel por un movimiento nacional, pero el pronóstico que allí se realizó sobre que habían caído los Borbones para siempre no se había cumplido, porque siete años después de los fracasos de la Monarquía de Amadeo y de la Primera República un golpe había reinstaurado en el trono al hijo de Isabel II, Alfonso XII.

Para el periódico obrero el medio siglo largo de la Restauración había sido nefasto para España. El país no se había incorporado a «la verdadera civilización europea». La riqueza nacional, sacada a los productores y contribuyentes, no había servido para eso, sino para mantener a un «ejército de parásitos amparadores de los privilegios de la casta reinante», y en cuyo beneficio se habían desarrollado las guerras coloniales (98) y la de Marruecos. El periódico insistía mucho en esta cuestión de las guerras por la pérdida de vidas humanas y por su alto coste económico. El socialismo español siempre mantuvo una postura radicalmente contraria a las guerras en las que se involucró España, siendo la de Marruecos especialmente combatida. Precisamente, este conflicto era interpretado por el periódico como un hecho clave en la toma de conciencia de los españoles contra el sistema político, un proceso que conduciría, en esta interpretación, a abril de 1931.

Se repetía la Historia con el final de nuevo de los Borbones, pero se estaba seguro que, en esa ocasión, no volverían porque ahora existía un Partido Socialista, dedicado a ser una especie de guardián celoso de la República.

Los Borbones estaban condenados «de por vida a pasear por el mundo sus lacras morales y físicas…».

España por la República desde el socialismo

El periódico *El Socialista* publicó en su primera página un artículo a dos columnas con el significativo título de «España por la República» en el número del 14 de abril de 1931.

El artículo planteaba que las elecciones habían demostrado que la afirmación de la prensa de derechas sobre que España era monárquica no se había cumplido, gracias al triunfo de la Conjunción Republicano-Socialista.

El pueblo habría dado una clara lección de ciudadanía y de orden al Gobierno desde primeras horas de la mañana de la jornada electoral en las puertas de los colegios haciendo largas colas esperando el turno para votar. Había habido entusiasmo, pero con serenidad. El pueblo no había querido que el resultado electoral se desluciera con acto alguno. El Gobierno había desplegado muchas fuerzas en los colegios electorales, especialmente en los más populares, pero no se había producido ningún incidente.

Según los socialistas, los monárquicos se habían entregado a todas las viejas prácticas políticas propias del sistema electoral que se había formado desde los tiempos de la Restauración como eran los intentos de compras de votos en las tabernas. El pueblo, siempre según el periódico obrero, había rechazado «con asco» estas corruptelas.

El dilema electoral había sido entre Monarquía y República, y el pueblo había elegido la segunda como un fallo inapelable. Es interesante observar como el artículo hablaba de que se había establecido un régimen municipal republicano a partir de las elecciones porque, realmente, lo que se había producido habían sido elecciones municipales, aunque bien sabemos su dimensión más allá, porque, además, inmediatamente, el artículo decía que la Monarquía debía obedecer la voluntad «unánime» (en este sentido, bien sabemos que realmente no fue unánime), y desaparecer. El periódico se preguntaba qué camino iba a emprender la Monarquía, ¿resistir? No había que olvidar que el pueblo deseaba establecer la República «sin efusión de sangre». La resistencia generaría violencia, aumentando con ello las responsabilidades del régimen.

Para los socialistas el pueblo estaba convencido que la Monarquía era el desorden, el caos y la anarquía, una afirmación que nos permite observar cómo antes de que las derechas asociasen a la República con estas mismos problemas o defectos, la izquierda había hecho lo propio con la Monarquía, algo sobre lo que, creemos, no se ha insistido mucho.

En conclusión, la única esperanza de salvación para España era la República, y se hacía necesario que todo el mundo respetase y acatase la «soberana voluntad del país».

La negociación en Cataluña en abril de 1931

La proclamación de la República Catalana se convirtió en un problema inesperado para el recién creado Gobierno Provisional de la República[10]. Aunque, en principio, las proclamas de Macià no eran tan radicales como a simple vista pudieran parecer, el Gobierno temía la reacción del ejército, siempre reacio a cualquier novedad en relación con la estructura territorial del Estado, pero también temían al político catalán.

---

10.   Puede consultar el trabajo de José Luis de la Granja, Justo Beramendi y Pere Anguera, *La España de los nacionalismos y las autonomías,* Madrid, Síntesis, 2001.

Preocupaba su carácter y trayectoria en el último decenio, tanto para los republicanos como para los socialistas españoles.

En el Gobierno Provisional había dos ministros catalanes, Marcelino Domingo (Partido Republicano Radical Socialista), responsable de Instrucción Pública, y Lluís Nicolau d'Olwer (Acció Catalana Republicana) y responsable de Economía. Ambos se ofrecieron para mediar con Macià. El Gobierno decidió que fueran acompañados por el socialista Fernando de los Ríos[11], a la sazón ministro de Justicia, dado su carácter conciliador y su intenso humanismo. El 17 de abril marcharon hacia Barcelona.

Por parte catalana asistieron a la reunión, además de Macià el consejero socialista Manuel Serra i Moret y el abogado Anguera de Sojo. Manuel Serra había pertenecido al PSOE, pero en 1923 dejó la formación y fue uno de los fundadores de la Unió Socialista de Catalunya.

La reunión fue intensa, como era de esperar. Al parecer, según el testimonio de Serra, el ministro Fernando de los Ríos propuso convertir el Gobierno de la República Catalana en la Generalitat de Catalunya. La institución era genuinamente catalana, nacida en la Edad Media. Los catalanes podían sentirse identificados con la misma y no entraba en colisión con el Gobierno de la República, institución que debía ser la única con dicha denominación. Macià terminó por acceder, seguramente consciente de que no contaba con todo el apoyo de los catalanes, habida cuenta de que, a pesar del evidente empuje electoral republicano, había un panorama político muy diverso.

En la nota de prensa se hizo hincapié en el espíritu de cordialidad, en el compromiso del Gobierno Provisional sobre el cumplimiento del Pacto de San Sebastián, y en la conveniencia de avanzar en la elaboración del Estatuto de Cataluña que, una vez aprobado por la Asamblea de Ayuntamientos catalanes, debía ser presentado a las Cortes

---

11. Sobre Fernando de los Ríos, Virgilio Zapatero, *Fernando de los Ríos: los problemas del socialismo democrático*, Madrid, Cuadernos para el Diálogo, 1974.

Constituyentes. Así pues, Fernando de los Ríos empleó la inteligencia buscando una alternativa conciliadora.

El ministro Largo Caballero ante la prensa

El nuevo ministro de Trabajo del Gobierno Provisional, Francisco Largo Caballero[12], hizo unas importantes declaraciones a la prensa, que *El Socialista* recogió en su número del 18 de abril de 1931. Largo Caballero, como el resto de ministros, pretendió tranquilizar y ofrecer un panorama de cambio desde el sosiego, sin violencias ni estridencias.

Largo Caballero habló tanto de su departamento como de cuestiones generales importantes. En primer lugar, quiso tranquilizar a los ahorradores, ya que informó a los periodistas que el director de Seguros le había comunicado que en las Cajas de Ahorro había absoluta normalidad, y que no se estaba produciendo una masiva retirada de fondos, es decir, que el movimiento de entradas y salidas de dinero por parte de los clientes era absolutamente normal.

Por otro lado, manifestó que las huelgas del sector de las Artes Gráficas pendientes estaban en vías de solución, citando los casos concretos de *Prensa Gráfica* y *Rivadeneyra*. La huelga de camareros en Sevilla habría acabado.

Los funcionarios de la Delegación Superior de Trabajo le habían dirigido un escrito de adhesión.

Fue preguntado sobre la Ley de Funcionarios, sobre si sería restablecida, y si se repondrían en sus puestos a los que fueron declarados cesantes por la Dictadura. Largo explicó que serían asuntos a discutir en el Gobierno cuando se resolviesen las cuestiones más perentorias o urgentes. Por otro lado, sí quiso lanzar alguna cuestión relativa a las

---

12. Sobre Largo Caballero es imprescindible acudir a la biografía de Julio Aróstegui, *Largo Caballero. El tesón y la quimera*, Madrid, Debate, 2021.

políticas a seguir por el Ministerio de Trabajo, en relación a que tenía estudiado el «plan de organización corporativa».

En relación con asuntos de mayor calado, explicó a la prensa que los ministros Marcelino Domingo y Fernando de los Ríos habían viajado a Barcelona para resolver el asunto de la proclamación de la República Catalana. Largo afirmó que no se podía hablar «para nada» de República Catalana, y en esos momentos solamente cabía hablar de España. Recordemos, en este sentido, la importante labor política que desarrolló para solucionar el conflicto el ministro Fernando de los Ríos.

La amnistía del 14 de abril

El mismo día de la proclamación de la República, el Gobierno Provisional de la República decretó una amnistía, publicada en la *Gaceta de Madrid* del día siguiente. Firmaba el decreto el presidente del Gobierno Provisional, Niceto Alcalá–Zamora[13].

El Decreto tiene su interés porque explicaba el sentido de los delitos políticos, sociales y de imprenta, al considerar que respondían generalmente a «un sentimiento de elevada idealidad». Los hechos más recientes en relación con estos delitos habrían sido impulsados, siempre según la disposición, por el amor a la libertad y a la patria, y se consideraban, además, legitimados por las urnas porque el voto del pueblo había deseado contribuir al restablecimiento y afirmación de la «paz pública».

Estas ideas, es decir, el idealismo en relación con los delitos no comunes, y por considerar que los que se habían cometido en los momentos precedentes estarían justificados por su afán en favor de la

---

13.   Sobre las amnistías en España: Enrique Linde, *Amnistía e indulto en España,* Madrid, Túcar, 1976; Sobremonte, José Enrique, *Indultos y amnistía.* Valencia, Universidad de Valencia, 1980 y Jimeno Aranguren, Roldan, *Amnistías, perdones y justicia transicional. El pacto de silencio español,* Ezkabarte, Pamiela, 2018,

libertad, pero también de la patria, y que tenían el apoyo popular según la interpretación que se hacía de las elecciones del 12 de abril, justificarían, por lo tanto, el Decreto de amnistía.

La disposición contenía dos artículos. El primero incluía la concesión de la amnistía para todos los delitos políticos, sociales y de imprenta, independientemente del estado en que se encontrase el proceso o si ya se hubiera fallado de forma definitiva.

La amnistía no incluía a los delitos cometidos por los funcionarios públicos en el ejercicio de sus cargos y los de injuria y calumnia a particular, perseguidos en virtud de querella de los perjudicados. Esta excepción solía ser común a todas las amnistías, independientemente del régimen político en el que nos encontremos. El segundo artículo era de procedimiento.

Por otro lado, la Constitución de 1931 reconoció la potestad de aprobar amnistías, pero con la condición de ser acordadas por el poder legislativo, es decir por el Parlamento, como estipulaba el artículo 102 del Título VII de Justicia. Dicho artículo también expresaba que no se podían conceder indultos generales. Por su parte, el presidente de la República, en delitos de extrema gravedad, podría indultar, pero previo informe del Tribunal Supremo, y a propuesta del Gobierno responsable.

La manifestación en honor de Pablo Iglesias

«Varios jóvenes y bellas compañeras, puestos en fila, llevaban cada uno un disco rojo con una letra, y uniendo el conjunto de discos se leía, «¡Viva Pablo Iglesias![14]»

La primera gran manifestación que se realizó después de la proclamación de la República se produjo el domingo 19 de abril en Madrid, organizada por las Juventudes Socialistas en honor a Pablo Iglesias.

---

14. Hemos consultado la crónica de la manifestación en el número 6926 de *El Socialista.*

Fue una demostración de la fuerza del socialismo en el nuevo régimen republicano.

A las diez menos cuarto de la mañana un cohete marcó la formación de la manifestación en la plaza de la Independencia (Puerta de Alcalá). Allí se colocaron las banderas de las organizaciones asistentes: PSOE, Agrupación Socialista Madrileña, Federación Nacional de Juventudes, Federación Regional, Juventudes Socialistas de Madrid, Asociación Artístico–Socialista, Escuela Obrera y Sociedad de Oficios Varios.

La cabecera de la manifestación estaba presidida por los tres ministros socialistas del Gobierno Provisional: Francisco Largo Caballero, Indalecio Prieto y Fernando de los Ríos, junto con los ministros de Fomento, Álvaro Albornoz, Marina, Santiago Casares Quiroga, el director general de Trabajo, Antonio Fabra i Ribas, el gobernador civil, Ortega y Gasset, otros altos funcionarios, concejales, y destacados líderes socialistas. Poco después de las diez se puso en marcha la manifestación. Ondeaban muchas banderas rojas y se entonaron los himnos de «La Internacional» y «La Marsellesa», junto con vivas al Partido Socialista, la UGT, a Pablo Iglesias, a la República y al Gobierno Provisional.

A la altura de la calle de Goya se incorporó a la manifestación un grupo de militares amnistiados y que sufrían condena por los sucesos de Jaca, y se colocaron inmediatamente después de la presidencia.

A lo largo del recorrido se repartieron octavillas en las que se recomendaba a los trabajadores la defensa de la República.

Cerca del Cementerio Civil estaba esperando el ministro de Estado, a la sazón Alejandro Lerroux. Por fin, la manifestación llegó a dicho Cementerio hacia las doce menos cuarto. Allí esperaban otros líderes y funcionarios, destacando Rodolfo Llopis, el director general de Enseñanza, y Emiliano Barral, el autor del mausoleo de Pablo Iglesias.

En ese momento dirigió a la multitud un discurso Indalecio Prieto honrando la memoria de Pablo Iglesias, para recordar también a Pi i

Margall, Salmerón y Giner de los Ríos. Ante la tumba de Pablo Iglesias pasó un desfile de unas ciento cincuenta mil personas.

La visita de Queipo de Llano a la Casa del Pueblo de Madrid en abril

Gonzalo Queipo de Llano fue nombrado capitán general de Madrid una vez proclamada la República, además de ser inspector general del Ejército. Esta es la crónica de su visita a la Casa del Pueblo de Madrid en la tarde del martes 28 de abril de 1931, en plena efervescencia por la proclamación de la Segunda República[15].

Queipo de Llano llegó a la Casa del Pueblo, que estaba situada en la calle del Piamonte, en pleno centro madrileño, vestido de paisano, acompañado de dos tenientes coroneles de uniforme.

Los visitantes vieron todas las dependencias de la Casa del Pueblo y sus oficinas. Al parecer, el general, según nuestra fuente, elogió la organización obrera madrileña.

Mantuvo varias conversaciones con representantes del movimiento obrero socialista, mostrando simpatía por el esfuerzo realizado por los trabajadores para levantar la Casa del Pueblo. Recordemos, en ese sentido, que fue inaugurada en 1908.

Se detuvo en la Biblioteca donde elogió a Pablo Iglesias. Después fue a la famosa cafetería de la Casa del Pueblo, que estaba llena de trabajadores, que se pusieron en pie para aplaudirle, ovación que se repitió a la salida de la misma.

---

15.   Hemos consultado el número 6933 de *El Socialista*. Sobre Queipo de Llano:
Antonio Bahamonde, *Un año con Queipo de Llano (Memorias de un nacionalista)*, Sevilla, 2005.
Manuel Barrios, *El último virrey*, Barcelona, 1979.
Francisco Espinosa Maestre, *La justicia de Queipo. Violencia y terror fascistas en Sevilla, Huelva, Cádiz, Córdoba, Málaga y Badajoz*, 2000.
Ian Gibson, *Queipo de Llano: Sevilla, verano de 1936*, Barcelona, 1986.
Jorge Fernández–Coppel Queipo de Llano, *Memorias de la Guerra Civil*, Madrid, 2008.

En el vestíbulo el general Queipo de Llano dio un viva a la clase obrera y otro a la República, siendo contestado por los trabajadores entre grandes aplausos.

La visita duró una hora, y según cuenta *El Socialista,* produjo una grata impresión al militar.

La entrega de la Casa de Campo al pueblo de Madrid

Uno de los primeros actos con gran carga simbólica que hizo la República fue la entrega de la Casa de Campo, uno de los jardines históricos más grandes del mundo, al Ayuntamiento de Madrid. Se trataba de un espacio verde de la Corona para su disfrute que, una vez caída la Monarquía, pasaba a dominio público de todos los madrileños, un hecho histórico de relevancia[16].

El 20 de abril de 1931, es decir, no había pasado ni una semana de la proclamación de la República, el Ministerio de Hacienda publicaba un decreto por el que se cedía la Casa de Campo y el Campo del Moro al Ayuntamiento de Madrid. La disposición permitía al Consistorio de la capital realizar las transformaciones o mejoras que estimase oportunas y poder emprender construcciones. Por otro lado, se preservaban los derechos de los ganaderos porque se permitía mantener los terrenos que ocupaba la Asociación General de Ganaderos en la Casa de Campo. El Gobierno Provisional consideraba que la capital no disponía de un espacio verde en proporción a la densidad de su población, pudiendo convertirse en realidad un deseo de los madrileños.

La cesión se realizaría el 6 de mayo, pero el 1 de mayo, el mismo día de la celebración de la primera Fiesta del Trabajo, por decisión del

---

16. Pueden consultarse los diarios *La Libertad, Heraldo de Madrid, El Imparcial,* y *El Socialista* del día 7 de mayo (números 6935, 6939 y 6940), que ha sido nuestra principal fuente.

mismo Gobierno Provisional, se abrieron las puertas del parque a los madrileños de forma puntual.

El acto de entrega oficial comenzó a las doce del mediodía, aunque desde horas antes se había concentrado numeroso público en la Puerta del Rey, y a las once y media llegó una Compañía de Carabineros de Madrid con la Banda de Música del Colegio de El Escorial, situándose frente a las oficinas administrativas de la Casa de Campo, y tocando el himno de Riego a la llegada del director general del Cuerpo, Antonio Vallejo, junto con Eladio Soler, a la sazón el subdirector del mismo.

Los honores y el himno fueron repetidos cuando llegó la comitiva gubernamental presidida por Indalecio Prieto, ministro de Hacienda[17], junto con otros altos funcionarios de dicho Ministerio.

Por último, llegó la comitiva municipal, presidida por el alcalde Pedro Rico, acompañado por el presidente de la Diputación Provincial, Rafael Salazar Alonso, y compuesta por concejales y otras autoridades.

El acto en sí comenzó con la lectura del acta de cesión por parte del notario Pedro Tovar, para pasar a ser firmada por el ministro Prieto, además de por el alcalde, el secretario municipal, el teniente de alcalde y los directores generales de los Carabineros y la Guardia Civil.

Indalecio Prieto pronunció un discurso en el que manifestó la satisfacción del Gobierno al hacer entrega al pueblo madrileño de la Casa de Campo. Pedro Rico, por su parte expresó la gratitud de Madrid (pueblo y consistorio), prometiendo que haría de la Casa de Campo un lugar de «instrucción y recreo», pero no en el sentido en el que se había entendido el ocio en este parque, en clara alusión a las fiestas desarrolladas por la Casa Real.

El acto terminó con ovaciones y gritos a favor de Madrid, la República y de «España sin Borbones». Después tuvo lugar un desfile de los Carabineros.

---

17. Sobre Indalecio Prieto, Octavio Cabezas, *Indalecio Prieto, socialista y español,* Madrid, Algaba Ediciones, 2005. También, Luis Sala, *Indalecio Prieto. República y socialismo (1930-1936),* Madrid, Tecnos, 2016.

Al parecer, la muchedumbre presente quiso entrar en la Casa de Campo, pero el Ayuntamiento deseaba realizar una inspección exhaustiva de dicho espacio, y el alcalde tuvo que explicar esta decisión, manifestando que había que cuidar la Casa de Campo y no destrozarla, aunque sabemos que, al menos, en una parte se había dejado estar a las familias en la reciente Fiesta del Trabajo, como hemos comentado.

La Casa de Campo fue abierta el 10 de mayo.

El Ayuntamiento de Madrid dispuso una comisión especial para el estudio y regulación del aprovechamiento y utilización de la Casa de Campo, en la que participó Julián Besteiro[18].

La Comisión estimaba que había que posibilitar rápidamente la utilización de la Casa de Campo por parte del pueblo madrileño, pero había que velar por su riqueza, seguramente temiendo que, si no se tomaban medidas, como las que se planteaban, podía dañarse de forma irreversible. No olvidemos que el parque pasaba de un uso muy restringido a poder ser visitado por miles de ciudadanos.

En primer lugar, la Casa de Campo debía disponer de una «guardería» suficiente para su conservación. Además, el parque debía contar con servicios de limpieza, como papeleras, cestos metálicos, y evacuatorios para los visitantes.

El parque tenía que tener numerosas fuentes de agua potable, utilizando las aguas del Lozoya. Había que revisar las fuentes existentes para comprobar su potabilidad y si reunían las oportunas condiciones higiénicas. Se proponía que las fuentes podrían ser de tipo mixto, es decir de grifo y surtidor. Sabemos que la mayoría de las fuentes de la Casa de Campo son de esta época.

---

18. Como fuente hemos empleado el número 6962 de *El Socialista,* de 3 de junio de 1931. Podemos consultar el trabajo de este autor, «La entrega de la Casa de Campo al pueblo de Madrid en 1931», en *Nueva Tribuna* (mayo de 2018). Nos parece interesante acercarse al capítulo de Victoria Soto Caba, «Jardines de la Ilustración y el Romanticismo en España», en el libro de Adrian Von Buttlar, *Jardines del Clasicismo y el Romanticismo,* Madrid, 1993, pp. 277 y ss. Por otro lado, contamos con el libro de Luis Miguel Aparisi Laporta, *La Casa de Campo: Historia documental,* Barcelona, 2003, y, más recientemente con el trabajo de Juan Luis Roldán Calzado, *Historia de la Casa de Campo,* Madrid, 2017.

Había que acondicionar los caminos para permitir el tránsito de los carruajes, evitando la formación de polvo.

La Casa de Campo debía disponer de una señalización adecuada con indicadores de los caminos para la regulación del tránsito. En este sentido, además, se proponía colocar planos del parque en las puertas de entrada y en sitios visibles.

El Ayuntamiento tenía que dictar unas Ordenanzas para regular el disfrute del espacio verde, y exponerlas públicamente. La Comisión proponía algunas cuestiones: la prohibición absoluta de encender fuego, de deteriorar el arbolado y material, etc.

Con autorización oportuna se podía permitir el establecimiento de restaurantes y quioscos.

La Comisión era consciente que la Casa de Campo generaría muchos gastos al Ayuntamiento. Por eso, pensó que se podían conceder permisos pagados para el tránsito de vehículos, como, al parecer, se había hecho en el monte del Pardo.

Los comisionados opinaban que Casa de Campo podía tener también una funcionalidad pedagógica. En ese sentido, se proponía que un día a la semana se cerrara el parque para que solamente pudiera ser visitado por grupos escolares.

La segunda parte de la propuesta versaba sobre el uso social de la Casa de Campo. En este sentido, se quería el establecimiento de campos de deporte, que se situarían en la zona del Hipódromo y tiro al pichón. Se destinarían para fútbol, tenis, y se construirían boleras y frontones. Los campos de polo podrían alquilarse en beneficio de la posesión.

El estanque grande debía conservarse como estaba, habida cuenta de su enorme extensión, lo pintoresco de sus orillas, la gran variedad de fauna, su fondo arenoso y porque no presentaba ningún peligro para la salud. En todo caso, se había realizado un estudio sobre el paludismo, aconsejándose que se tomasen en consideración una serie de medidas referidas a la limpieza de las orillas del estanque, la desecación de la zona pantanosa próxima a la charca del patinar y la rectificación del curso de los arroyos en la parte este del parque, transformándose ambas zonas, aprovechando los árboles existentes para crear dos alamedas. El estanque se utilizaría para el recreo de pequeñas embarcaciones.

En la llamada «Charca de patinar», que tenía unos doscientos metros de longitud, podía convertirse en una piscina popular sin grandes dispendios. No se recomendaba el estanque para el baño por todo lo que se había expresado, además de su escaso fondo, falta de renovación de agua y conservación de su forma.

La Comisión proponía la creación de un parque natural y de aclimatación para mejora y embellecimiento de una zona de la Casa de Campo, además de por su finalidad educativa y cultural. Sería un espacio donde se plantaría vegetación, especialmente arbórea, citando al madroño, pero también al pinsapo andaluz por encontrarse en peligro de extinción, y siempre en armonía con la vegetación de la zona.

También habría que crear un parque zoológico de fauna autóctona, pero también exótica. En este sentido, se abogaba por establecer un acuario de especies marinas y de agua dulce.

Había que aprovechar, por fin, elementos ya existentes, como colmenas, instalaciones para la extracción de la miel o las moreras para fomentar la enseñanza de actividades como la apicultura y la sericultura.

Las fuerzas políticas y sociales ante la Segunda República

Los monárquicos

Los partidos dinásticos del turno político del sistema de la Restauración —conservadores y liberales— estaban realmente muertos al terminar la Dictadura de Primo de Rivera. En realidad, llevaban escindidos en fracciones vinculadas a distintos líderes desde hacía mucho tiempo, desde la muerte de Cánovas y Sagasta en el cambio de siglo. Muchos de sus cuadros habían ingresado en la Unión Patriótica, mientras que algunos destacados personajes habían sufrido la represión del régimen, como la que padecieron Sánchez Guerra, Santiago Alba y el conde de Romanones, ya que algunos componentes de ambos partidos no aceptaron nunca que se terminara con el sistema constitucional.

Al terminar la Dictadura, ambos partidos intentaron resurgir y reconstruir su influencia electoral, basada en el caciquismo, pero las circunstancias políticas eran muy adversas para resucitar maquinarias políticas ya obsoletas, a pesar de que en el campo siguieron teniendo mucho poder como lo demostrarían los resultados que se sacaron en las elecciones municipales de abril de 1931, algo que debe ser tenido en cuenta para matizar bien el proceso que llevó a la proclamación de la República. Por otro lado, retornaron las viejas divisiones, acrecentadas ahora por las distintas visiones que sus líderes tenían sobre el período de transición política y sobre el futuro de la Monarquía.

Destacados personajes del sistema político monárquico iniciaron un intenso debate sobre el futuro. Unos, siendo monárquicos, como Sánchez Guerra, criticaron abiertamente la actitud de Alfonso XIII[19], mientras que otros, como Ángel Ossorio, Niceto Alcalá-Zamora y Miguel Maura, se declararon por la salida republicana desde posiciones moderadas, encabezando una derecha democrática que pretendía desligarse de los peores modos políticos del sistema de la Restauración. Otros, como Romanones, aceptaron participar en los intentos de normalizar constitucionalmente la Monarquía. Por otro lado, las bases sociales del antiguo sistema de partidos estaban abandonando masivamente la causa monárquica. La clase media española estaba inclinándose por la República, habida cuenta del desprestigio de la Monarquía, que sin traer la Dictadura, había vinculado su suerte a la misma, y ahora pretendía regresar a la normalidad constitucional.

En este momento histórico surgieron nuevas formaciones políticas. Destacaría el Bloque Constitucional, formado en marzo de 1930 por el Partido Reformista de Melquíades Álvarez, junto con sectores liberales y conservadores afines a Sánchez Guerra, Burgos Mazo y Bergamín. Pero el Bloque era más bien una tertulia o grupo de opinión de políticos prestigiosos sin base social alguna, como un partido del pasado. Los miembros del Bloque eran monárquicos pero críticos con la situación a la que el rey había llevado a la Monarquía, y no se encontraban muy lejos de los republicanos más moderados. Defendían la abdicación de Alfonso XIII, la exigencia de responsabilidades por el establecimiento de la Dictadura y la convocatoria de unas Cortes Constituyentes.

---

19.   La figura de Alfonso XIII cuenta con muchas monografías, pero vamos a aportar solamente las que consideramos más destacadas: Carlos Seco Serrano, *Alfonso XIII*, Madrid, Arlanza Ediciones, 2001, y Javier Moreno Luzón (ed.), *Alfonso XIII, un político en el trono,* Madrid, Marcial Pons, 2003.

No muy alejado del Bloque estaría el grupo más dinámico del sector político dinástico español. Nos referimos al Centro Constitucional, creado en marzo de 1931. Esta formación política surgió de la convergencia de la Lliga Regionalista, el Partido Maurista y de otros grupos regionalistas. El Centro Constitucional estuvo dirigido por Cambó y Gabriel Maura. Defendía la monarquía parlamentaria, y un programa político reformador y descentralizador. Podría haber sido una baza importante para el mantenimiento de la Monarquía pero llegaba muy tarde, apenas semanas antes del final de la misma.

En el otro extremo del grupo de fuerzas dinásticas estarían los herederos de la Unión Patriótica de Miguel Primo de Rivera. Esta formación se transformó en la Unión Monárquica Nacional, presidida por el conde de Guadalhorce. Entre sus líderes destacarían José Calvo Sotelo, Ramiro de Maeztu y José Antonio Primo de Rivera. Eran ultraconservadores y se empeñaron en reivindicar la obra del dictador, además de ser muy críticos con el gobierno Berenguer. Querían una reforma constitucional en un sentido autoritario. Más a la derecha estaría un grupo de formaciones de escaso peso: el Partido Nacionalista Español de Albiñana, el Partido Laborista de Eduardo Aunós, y la Juventud Monárquica Independiente de Eugenio Vegas Latapié.

La causa monárquica llegaba en crisis y muy dividida a la República. Hubo que esperar un tiempo para que se transformase durante el primer Bienio republicano.

Los republicanos

El republicanismo español llegó al año 1930 dividido en distintas formaciones y grupos de opinión. Pero también es cierto que en tiempos de la Dictadura de Primo de Rivera se habían producido movimientos para llegar a acuerdos, uniones y alianzas. Sin acercamientos se veía muy complicado contribuir de forma efectiva al objetivo común de traer la República a España.

En el año 1926 se formó la Alianza Republicana, punto de conexión entre el republicanismo histórico y el de nuevo cuño.

En la plataforma política de la Alianza se integró el Partido Republicano Radical de Alejandro Lerroux[20]. El Partido se fundó en un acto celebrado el día 6 de enero de 1908 en el Teatro Principal de Santander. Un grupo de republicanos federales de la ciudad había animado a Alejandro Lerroux para que creara una nueva formación política republicana. Lerroux presentó en el acto de fundación el programa político del nuevo partido, aunque no era muy preciso. Defendió una estructura federal para España, que era necesaria la religión católica, pero no las órdenes religiosas y que el partido quería representar al pueblo, pero no quedaba muy claro que se entendía por tal. La ideología del Partido Republicano Radical se basaba en un encendido discurso anticlerical más demagógico que real, la defensa del republicanismo y un encendido anticatalanismo. Al poco tiempo de la creación de la formación, su fundador tuvo que marcharse de España para no tener que ingresar en prisión a causa de un delito de imprenta. Mientras estuvo en el extranjero la formación política fue dirigida por Sol y Ortega, Hermenegildo Giner de los Ríos y Emiliano Iglesias. Lerroux regresó al ser elegido diputado, junto con Sol y con Giner.

A pesar de la ambigüedad del discurso político de Lerroux y de su formación, así como ante los hechos de la Semana Trágica de 1909, el Partido obtuvo la mayoría en el Ayuntamiento de Barcelona en las elecciones de 1910. Pero en ese momento, el Partido Republicano Radical entraría en crisis por una conjunción de factores: la corrupción de algunos dirigentes (un mal que acompañó muchas veces al

---

20. Sobre Alejandro Lerroux, José Álvarez Junco, *El emperador del Paralelo. Lerroux y la demagogia populista,* Madrid, Alianza Editorial, 1990. Sobre el Partido Radical, Octavio Ruiz-Majón, *El Partido Republicano Radical,* 1908-1936, Madrid, Tebas, 1976. También se puede consultar la monografía de Nigel Townson, *La República que no pudo ser. La política de centro en España* (1931-1936), Madrid, Taurus, 2002.

radicalismo), y el auge del catalanismo de izquierdas y del anarcosindicalismo, que le enajenaron gran parte del apoyo popular en Cataluña, donde años atrás Lerroux había sido «el emperador del Paralelo». De ahí que, Lerroux quisiera extender más el partido por toda España con especial interés en Madrid, Valencia y Aragón. En 1917, Lerroux y el Partido participaron en la Asamblea de Parlamentarios y, desde entonces hasta la Dictadura de Primo de Rivera, los radicales pretendieron aglutinar la oposición republicana española, pero con un éxito muy escaso o relativo. Al terminar la Dictadura de Primo de Rivera, el Partido resucitó, pero más escorado hacia posturas conservadoras. En el transcurso del tiempo el discurso demagógico, anticlerical y populista se desterró, encontrando su base social en cierta burguesía media industrial y comerciante.

En la Alianza estaban también el Partido Republicano Federal, representante del republicanismo histórico, pero que tenía escaso peso político y terminó por abandonar la Alianza.

El ala izquierda de la Alianza estaba representada por el Grupo de Acción Republicana. No se trataba de un partido estructurado sino de una especie de punto de encuentro entre diversas tendencias republicanas, y que pretendía algún tipo de acuerdo o colaboración con las organizaciones obreras. Acción Republicana fue fundada y dirigida por Manuel Azaña tras la publicación de su *Apelación a la República Española*.[21] Se creó en el año 1925, oponiéndose desde el primer momento a la Dictadura de Miguel Primo de Rivera. Azaña había abandonado el proyecto del reformismo de Melquiades Álvarez el año anterior, como gran parte de sus más destacados líderes, al constatar que era imposible que se pudiera democratizar el sistema liberal de la Monarquía de Alfonso XIII, por lo que se hacía necesario trabajar para fundar la República, como única alternativa posible. Pero consideró

---

21. Para entender la totalidad de la personalidad histórica de Azaña recomendamos acudir a Santos Juliá, *Vida y tiempo de Manuel Azaña,* Madrid, Taurus, 2008.

que había que remozar el republicanismo español, criticando a los radicales de Lerroux, no siendo partidario tampoco del republicanismo más clásico, representado por un Blasco Ibáñez, por ejemplo. De ahí la decisión de crear un nuevo grupo. La formación contó con destacados intelectuales y políticos, algunos de ellos procedentes del reformismo, como Ramón Pérez de Ayala y José Giral.

Dada la prohibición de los partidos políticos en el régimen dictatorial hubo que esperar a 1930 para que se constituyera su Comité Nacional, presidido por Azaña. El ideario de la formación se basaba en el laicismo, el autonomismo, la reforma del ejército y la reforma agraria. Constituía, pues, un partido republicano progresista, de izquierda no marxista, aunque Azaña siempre abogó por la conjunción con los socialistas y el mundo obrero.

Era evidente que, aunque los republicanos partían de un origen social bastante parecido, es decir de la clase media, pequeña o media burguesía, sus planteamientos ideológicos eran muy diferentes. Pensemos en el anticatalanismo de Lerroux frente al catalanismo de izquierdas del *Partit Republicà Català,* por ejemplo, o en las posturas conservadoras del primero frente a la defensa de la colaboración con fuerzas políticas y sociales obreras de muchos de los integrantes del Grupo de Acción Republicana. Además, había diferencias en cuanto a la estrategia política a seguir. Un sector pretendía traer la República a través de la acción política buscando la movilización social, frente a otro que fundaba sus esperanzas republicanas en el fomento de actividades conspirativas en conexión con elementos militares, un poco a la vieja usanza.

Toda esta disparidad terminó por estallar y en diciembre de 1929, en plena crisis de la Dictadura de Primo de Rivera, los integrantes más a la izquierda de la Alianza constituyeron una nueva formación política al margen, el Partido Radical Socialista[22]. Sus principales integrantes

---

22. Puede consultar el libro de Juan Avilés Farré, *La izquierda burguesa y la tragedia de la II República,* Madrid, Comunidad de Madrid, 2006.

fueron Marcelino Domingo, Ángel Galarza, Álvaro de Albornoz y Félix Gordón Ordax.

El año 1930 será clave para el republicanismo español. La creación del Partido Radical Socialista motivó a Acción Republicana a convertirse en partido político pero sin abandonar la Alianza. Por otro lado, el abandono de las filas monárquicas de algunos políticos propició la creación de la Derecha Liberal Republicana con Niceto Alcalá-Zamora y Miguel Maura como principales figuras políticas. Su ideario defendía una república moderada en lo político, social y, especialmente, en cuestiones religiosas.

Alianza Republicana

Como hemos visto, la Alianza Republicana fue una agrupación o plataforma política, pero no un partido, que aunó a distintas organizaciones políticas republicanas españolas en la época de la Dictadura de Primo de Rivera.

Fue fundada el 11 de febrero de 1926 en la efeméride de la Primera República, y cuando Primo de Rivera ya estaba intentando consolidar institucionalmente la Dictadura. Su objetivo era, como hemos expuesto, intentar coordinar a los distintos partidos republicanos, habida cuenta de las dificultades evidentes de unión que venía lastrando casi secularmente el republicanismo español.

En la fundación estuvieron Manuel Azaña del grupo de Acción Republicana, con José Giral. También firmó el Partido Republicano Federal, la formación histórica del republicanismo español pero sin militancia. La tercera fuerza era la más potente en militancia, el Partido Republicano Radical con Alejandro Lerroux, que ya había abandonado el inicial anticlericalismo haciendo el camino de la moderación. Por fin, firmaría el Partit Republicà Català de Marcelino Domingo y Lluís Companys, del universo catalanista de izquierdas. También firmarían

Roberto Castrovido, representante de la prensa republicana y otros personajes del ámbito político republicano. La Alianza tuvo el apoyo de distintos intelectuales como Unamuno, Machado, Negrín o Pérez de Ayala.

El Manifiesto de la Alianza establecía una serie de peticiones. En primer lugar, debía restablecerse la legalidad por la convocatoria de unas Cortes Constituyentes. En segundo lugar, se apostaba por la fórmula federal, «reconociendo la existencia de diferentes personalidades peninsulares». El tercer punto defendía la solución definitiva del problema de Marruecos. En el cuarto punto se quería la nivelación del presupuesto, cambiando el sistema fiscal. El quinto punto apostaba por la creación de escuelas para solucionar de una vez el problema de la enseñanza primaria. Otros puntos, por fin, tenían que ver con la intervención del Estado en la sociedad para la realización de las aspiraciones del proletariado.

Los firmantes crearon una Junta Provisional de la Alianza, compuesta por Manuel Hilario Ayuso Iglesias, Roberto Castrovido, Marcelino Domingo, Alejandro Lerroux y Manuel Azaña.

La Alianza tuvo un papel secundario en el golpe, conocido como la Sanjuanada, pero fue más activa en el producido en enero de 1929, que encabezó José Sánchez Guerra.

En el año 1929 los federales abandonaron la Alianza. Por otro lado, el Partido Republicano Radical sufrió una escisión cuando se salió el ala izquierda del mismo con Álvaro de Albornoz como principal líder para formar el Partido Republicano Radical–Socialista, al que se incorporaría Álvaro de Albornoz. En todo caso, la Alianza no se vio muy afectada, teniendo el mérito de conseguir ahondar en la sociedad, una asignatura muy pendiente del republicanismo.

Cuando cayó Primo de Rivera, la Alianza se convirtió en un puntal fundamental de la oposición. El 14 de mayo de 1930, la Alianza y el Partido Radical–Socialista formaron un Comité con el fin de trabajar por la instauración de la República en España. A esta especie de pacto se sumaron formaciones republicanas regionales como el ORGA y otros[23]. El 17 de agosto de 1930, Azaña y Lerroux, en representación de la Alianza formaron parte de la reunión en la que salió el Pacto de San Sebastián, clave para el inmediato futuro republicano de España.

Cuando, por fin, se proclamó la República, la Alianza se diluyó.

---

23.   La ORGA fue una formación política gallega de izquierda, republicana y favorable a la autonomía de Galicia. Fue fundada en el año 1929. A comienzos de septiembre de ese año, Santiago Casares Quiroga, destacado personaje de la futura Segunda República, Antón Vila Ponte, Emilio González López, y otros intelectuales y políticos gallegos se reunieron en el Casino de Santiago de Compostela con el objetivo de crear un nuevo partido. ORGA eran las siglas de la Organización Republicana Gallega Autónoma. Este partido debe inscribirse en el contexto de efervescencia política gallega en la agonía de la Monarquía de Alfonso XIII y en el intenso período previo a la llegada de la República. Además, tendría un destacado protagonismo en la dialéctica dentro del galleguismo entre los que defendían claramente una opción nacionalista y los que buscaban más el engarce con un estado republicano autonomista. Efectivamente, en un principio dominaban los más galleguistas, lo que explica el manifiesto inicial publicado en la prensa en el mes de octubre de 1929 en el que se abogaba, además de por promover la riqueza y la cultura de Galicia, por una república federal y por la causa europeísta también. Pero muy pronto las tensiones con los defensores de un mayor engarce con el resto del Estado Español, llevarían a los más galleguistas a la creación del Partido Galeguista. En el mes de marzo de 1930 se firmó el Pacto de Lestrove de gran trascendencia en el ámbito del galleguismo y el republicanismo gallego. En el Pazo de Hermida de este lugar coruñés se reunieron representantes del ORGA y de la Alianza Republicana del ámbito gallego. Recordemos que la Alianza Republicana era la plataforma política, creada en 1926 y que unía a gran parte del republicanismo español, fundamental en el camino posterior para la llegada de la Segunda República, y que supuso un verdadero revulsivo en el republicanismo español. Pues bien, en Galicia asistieron a la reunión los radicales con Gerardo Abad Conde, destacado político radical coruñés y luego ministro, los federales y los radical–socialistas. Curiosamente, la CNT también acudió como observadora. El Pacto de Lestrove supuso la creación de la Federación Republicana Gallega como plataforma electoral. Se decidió designar a Gerardo Abad Conde para que asistiese como orador a un mitin de afirmación republicana que se iba a celebrar en Madrid en el mes de septiembre, y nombrar a Casares Quiroga como el representante de la importante reunión que en agosto se iba a producir en San Sebastián, y donde nacería el Pacto de San Sebastián. Por fin, es interesante reseñar que se ofreció al liderazgo de la Federación al Manuel Portela Valladares, pero declinó el ofrecimiento. A cambio puso a disposición de la Federación el periódico *El Pueblo Gallego*.

El Partido Republicano Radical Socialista

El Partido Republicano Radical Socialista (PRRS), más conocido como Partido Radical Socialista, nació en 1929 por iniciativa de miembros del Partido Republicano Radical y de la Alianza Republicana, con posturas ideológicas de izquierda no marxista. Los fundadores fueron Marcelino Domingo, Álvaro de Albornoz, Benito Artigas y Ángel Galarza.

El Partido participó en el proceso para traer la República a España. Su programa, inserto en el Manifiesto fundacional del año 1929, defendía la organización autonómica regional y municipal de España, el establecimiento del Estado laico, una decidida apuesta por la educación, lo que le valió a Domingo ser el primer ministro de Instrucción Pública de la Segunda República, una profunda reforma militar con reducción de efectivos y una organización basada en el concepto de nación armada, una reforma agraria y una reforma fiscal en sentido progresista. En política exterior abogaba por el pacifismo.

En el Gobierno provisional de la República, Marcelino Domingo ocupó, como hemos indicado, la cartera de Instrucción Pública y Álvaro de Albornoz la de Fomento. Albornoz también fue ministro de Justicia posteriormente, y fue protagonista indiscutible de muchas reformas en relación con la política laica del gobierno, como la ley del divorcio, la supresión de la financiación pública de la Iglesia o la disolución de la Compañía de Jesús. También fue presidente del Tribunal de Garantías Constitucionales. Galarza, por su parte, fue el primer fiscal general de la República. Por otro lado, no puede dejar de mencionarse la importancia de Victoria Kent, miembro del PRSS, como directora general de Prisiones, permaneciendo en el cargo hasta 1934 y emprendiendo una profunda reforma penitenciaria de fuerte calado progresista y humanista.

La fuerza electoral de los radical–socialistas llegó claramente con la Segunda República. Se calcula que cuando nació el Partido contaba con unos seis mil afiliados. Pues bien, en poco tiempo superó los setenta y dos mil militantes y contaba con un millar de sedes o entidades locales. A la altura de 1933 superaba los ciento veinte mil militantes. Se trataría, por tanto, de un partido político muy extendido por la geografía española, demostrando una clara vocación mayoritaria en el ámbito republicano de izquierda no marxista. Seguramente, solamente el PSOE contaba con una organización territorial más potente a través de sus Agrupaciones y Casas del Pueblo, en estrecha colaboración con la UGT.

El PRS consiguió un excelente resultado electoral en las elecciones a Cortes Constituyentes de junio de 1931, obteniendo 59 escaños, convirtiéndose en la tercera fuerza política española por detrás del PSOE y del Partido Republicano Radical. Pero el PRRS se había creado, en cierta medida, de una forma desordenada, fruto de esa estrategia de crecimiento que hemos señalado, acogiendo políticos con fuertes divergencias ideológicas, aunque todos fueran republicanos. Esta es la causa de que sufriera diversas escisiones y por su izquierda. En el Congreso celebrado en 1932 fueron expulsados Eduardo Ortega y Gasset y Juan Botella Asensi, y se decidió la disolución de la Agrupación madrileña. Ambos formarían el partido de Izquierda Radical Socialista.

El ala conservadora del Partido Radical Socialista terminó por negarse a seguir en relación con los socialistas en los gobiernos de Azaña, frente a Domingo y Albornoz, mucho más progresistas, por lo que este sector creó el Partido Republicano Radical Socialista Independiente, de corta vida. Más a la izquierda, José Antonio Balbontín fundaría el Partido Social-Revolucionario, aunque terminaría ingresando en el PCE. Por su parte, Ángel Galarza se integró en el PSOE, situándose cerca de Largo Caballero.

Las elecciones de 1933 fueron especialmente duras con el Partido, ya que solamente sacó un diputado. En 1934, el PRRS, liderado por Félix Gordón Ordás, se fusionó con el Partido Radical Demócrata de Diego Martínez Barrios, creándose Unión Republicana.

Al final, el radicalismo socialista más progresista terminó por fusionarse con la Acción Republicana de Manuel Azaña para formar Izquierda Republicana.

El Manifiesto de Inteligencia Republicana de la izquierda catalana de 1930

El Manifiesto de Inteligencia Republicana, de marzo de 1930, fue una declaración programática de principios, que fue redactado por Rafael Campalans, figura fundamental del socialismo catalán, y que había contribuido a la creación de la Unió Socialista de Catalunya (USC), nacida de la escisión catalana del PSOE en 1923, después de una intensa polémica con Antonio Fabra i Rivas, y que se reorganizó con la caída de la Dictadura de Primo de Rivera.

El texto fue apadrinado por el grupo de *L'Opinió.* Dicho grupo nació en el seno de la publicación con el mismo nombre que comenzó a editarse en febrero de 1928 en Barcelona. El grupo propugnaba el entendimiento entre el catalanismo de izquierdas y el movimiento obrero. Este grupo contribuyó a la creación de la Esquerra Republicana de Catalunya[24], constituyendo el sector más intelectual de la nueva formación política, entrando en conflicto con la forma de actuar un tanto presidencialista de Maciá y con los miembros de *Estat Catalá,* por lo que consideraban una cierta deriva fascista, provocando que se creara un nuevo partido en octubre de 1933, aunque luego se reintegraría en ERC en 1936, en plena confluencia de fuerzas de izquierdas[25].

---

24. Podemos acudir a M. Dolors Ivern i Salvà, *Esquerra Republicana de Catalunya,* 1931-1936, Vol I, Publicacions de l'Abadia de Montserrat, 1988.

25. *L'Opinió* fue uno de los núcleos fundadores de la *Esquerra Republicana* de Catalunya en 1931, como se ha señalado. Fue el grupo más intelectual del nuevo partido, y tendría una clara influencia en la Generalitat hasta 1933, momento en el que entró en conflicto con el resto de la formación política porque siempre fue un periódico y un grupo con criterio propio. Fue muy crítico con el presidencialismo de Macià y con el predominio de los miembros del *Estat Català* dentro de la Esquerra, acusándoles de tendencias fascistas. Por todo ello, terminarían por formar un nuevo partido en

El Manifiesto surgió en el crucial momento histórico entre el fin de la Dictadura de Primo de Rivera y la llegada de la Segunda República. El desprestigio manifiesto de la Monarquía y del sistema político fomentó la actividad de todas las fuerzas y sectores republicanos españoles y también catalanes. *El Manifiesto* es una prueba fehaciente de esta efervescencia republicana. En todo caso, el Manifiesto no vertebraría una organización política.

El texto defendía una serie de principios para llegar a un acuerdo mínimo entre las fuerzas republicanas catalanas: República federal, reconocimiento de derechos y libertades, separación entre la Iglesia y el Estado, reforma agraria, e inicio de una verdadera política social.

El Manifiesto fue firmado por Jaume Aiguadé, Gabriel Alomar, Manuel Serra i Moret, por parte de la USC; Lluís Companys por el *Partit Republicà Català;* Joan Peiró de la CNT, Jordi Arquer del *Partit Comunista Català;* y Lluis Nicolau d'Olwer, y Antoni Rovira i Virgili de *Acció Catalana.*

El Pacto de San Sebastián

En el complejo proceso que llevó a la proclamación de la Segunda República, la gestación y formulación del Pacto de San Sebastián constituye un hecho fundamental.

La convergencia de los republicanos entre sí y con los socialistas para intentar traer la República a España no fue fácil por varias razones. Las divergencias entre los republicanos eran grandes y los socialistas estaban divididos en relación con una posible alianza con el republicanismo.

octubre de 1933, el *Partit Nacionalista Republicà d'Esquerra,* una formación de gran potencia intelectual y política, dadas las personalidades del originario grupo y del periódico, pero sin tirón popular ni electoral. En 1936 esta formación decidió reintegrarse en la Esquerra, después de haber participado en el *Front d'Esquerres.*

A pesar de las dificultades terminó por cuajar el Pacto de San Sebastián, como tendremos oportunidad de ver.

En marzo del año 1930 apareció en Barcelona un manifiesto firmado por republicanos de izquierda como Companys, Aiguader, Botella Asensi, y de líderes obreros como Peiró, Arquer y Campalans. El manifiesto abogaba por el establecimiento de una república federal y por la aplicación de políticas sociales. Este manifiesto tiene su importancia histórica porque supone el inicio de la movilización de los republicanos en la época del Gobierno Berenguer.

En mayo se produjo una serie de incidentes relacionados con la vuelta del exilio de Unamuno, que había sufrido la represión de Primo de Rivera. Estos incidentes fueron protagonizados por los estudiantes de la FUE con la policía, provocando que las autoridades cerrasen las universidades. Eran un ejemplo de la creciente movilización social hacia un cambio político profundo, con los estudiantes ejerciendo un papel activo. Efectivamente, la primavera y el verano de 1930 fueron testigos de huelgas y manifestaciones. Había un claro descontento popular con una raíz económica, ya que, comenzaban a sufrirse los efectos de la crisis. Por otro lado, era evidente la crisis del Gobierno y del intento de normalizar la vida constitucional de la monarquía. Estos factores favorecieron el desarrollo de las fuerzas políticas y sociales republicanas y obreras, que comenzaron a considerar la necesidad de organizarse y buscar la unión de sus esfuerzos, a pesar de su evidente heterogeneidad ideológica.

La Alianza Republicana y el Partido Republicano Radical Socialista acordaron el 14 de mayo de 1930 la creación de un Comité conjunto que debía ponerse a trabajar para la instauración de la República en España. A este pacto se sumaron la Organización Republicana Autónoma Gallega (ORGA), recién creada y que dirigía Santiago Casares Quiroga, y la Unión Republicana Autonomista de Valencia, de Sigfrido Blanco. Por otro lado, se tendieron puentes hacia las organizaciones obreras. En el mes de julio, Azaña y Albornoz se entrevistaron con representantes socialistas, pero no se llegó a ningún acuerdo, tanto por las reticencias de un sector del socialismo hacia la alianza con fuerzas republicanas, como por la existencia de diferencias en el propio seno del republicanismo. Los republicanos se movieron mucho durante el verano para superar las dificultades y presentar un frente común, al menos desde el republicanismo. La Derecha Liberal Republicana de Alcalá–Zamora y Miguel Maura se unió al Comité. Por su parte, los republicanos catalanes también se acercaron.

Las negociaciones bullían, y el 17 de agosto nació, como resultado de las mismas, el conocido Pacto de San Sebastián. Bajo la presidencia de Felipe Siasín (Unión Republicana de San Sebastián) se reunieron en Donostia: Manuel Azaña y Alejandro Lerroux (representantes de la Alianza Republicana), Marcelino Domingo, Álvaro Albornoz y Galarza (Partido Republicano Radical Socialista), Niceto Alcalá-Zamora y Miguel Maura (Derecha Liberal Republicano), Santiago Casares Quiroga (ORGA), Jaume Aiguadé *(Estat Català),* MaciàMallol *(Acció Republicana de Catalunya),* Manuel Carrasco i Formiguera *(Acció Catalana),* y a título personal Felipe Sánchez Román, Eduardo Ortega y Gasset e Indalecio Prieto. Los asistentes a la reunión decidieron la creación de un Comité ejecutivo de la Conjunción, presidido por Alcalá–Zamora, dedicado a coordinar el movimiento revolucionario que debía conducir a la instauración de la República. Se estableció, además, la necesidad de atender las reivindicaciones autonomistas de Cataluña, y de de entablar conversaciones formales con las organizaciones obreras.

Las conversaciones con el PSOE para que se incorporara al Pacto fueron difíciles. Indalecio Prieto y Fernando de los Ríos eran afines a la conjunción con los republicanos, pero gran parte de la familia socialista era contraria a entrar en relaciones con los partidos republicanos, resucitando los viejos recelos hacia las fuerzas republicanas por burguesas de los inicios del Partido y por la experiencia de la Conjunción Republicano-Socialista previa al golpe de Primo de Rivera.

Besteiro, con mucho poder en el aparato socialista, era el principal crítico y contrario a esta alianza. Pero muy pronto los socialistas comprobaron que los republicanos eran capaces de movilizar a amplias capas de la sociedad española y eso hizo cambiar las posturas del partido y del sindicato. En consecuencia, en octubre el PSOE y la UGT se adhirieron al Pacto. En el convenio con los republicanos se estipulaba que Indalecio Prieto, Fernando de los Ríos y Francisco Largo Caballero se incorporarían al Comité de la Conjunción, así como la convocatoria de una huelga general cuando se desencadenase el movimiento insurreccional. El acuerdo entre republicanos y socialistas pretendía establecer la República sobre la base de la soberanía nacional representada en una asamblea constituyente, como se hizo público en diciembre de 1930.

El acuerdo político con la CNT no pudo cuajar, aunque los anarcosindicalistas no pondrían reparos a la movilización republicana.

Pero la huelga general no se produjo y la insurrección militar se precipitó porque los capitanes Fermín Galán y Ángel García Hernández se sublevaron el día 12 de diciembre cuando debía haberlo hecho el 15. La Sublevación de Jaca fue un fracaso que terminó con la vida de sus protagonistas. Algunos miembros del Comité Revolucionario fueron detenidos, mientras que otros huyeron o tuvieron que esconderse.

El fracaso del Pacto a la hora de traer la República no impediría que esta llegara unos meses después, ya que las elecciones municipales del 12 de abril se convirtieron en un plebiscito sobre la Monarquía. Cuando se supo que las candidaturas republicano-socialistas habían ganado en las capitales de provincias, el Comité Revolucionario hizo público su propósito de actuar con «energía y presteza» para implantar la República.

La Agrupación al Servicio de la República

La Agrupación al Servicio de la República no fue un partido político republicano, sino una asociación de intelectuales que pretendía trabajar para que España se constituyese en República. Fue fundada el 10 de febrero de 1931, con un manifiesto publicado en el diario *El Sol*. Sus impulsores fueron José Ortega y Gasset, Gregorio Marañón y Ramón Pérez de Ayala, aunque terminó arrastrando, precisamente por la personalidad de sus fundadores, a muchos otros intelectuales.

La Agrupación contribuyó, sin lugar a dudas, a la creación de un clima favorable hacia la República en los cruciales meses de finales del invierno y principios de la primavera de 1931. El primer objetivo de este movimiento político fue pedir la convocatoria de unas elecciones a Cortes constituyentes. En las elecciones municipales de abril de 1931 no presentó candidatos, pero pidió el voto para las candidaturas republicanas. Trece de sus miembros fueron diputados en las Cortes Constituyentes, unos escaños que habían sido cedidos por los partidos en las elecciones de junio. Algunos de estos diputados se destacaron en los debates parlamentarios y en el proceso constituyente. De estos diputados podemos destacar las personalidades de José Ortega y Gasset, Justino de Azcárate, Alfonso García Valdecasas, Juan Díez del Moral o Bernardo Giner de los Ríos, entre otros. También algunos cargos políticos fueron ocupados por miembros de la Agrupación. Así, Ramón Pérez de Ayala fue nombrado director del Museo del Prado y embajador en Londres.

Pero, al igual que la ilusión por cambiar España había motivado la creación de esta Agrupación, no tardó en cundir el desánimo en sus principales líderes, fruto tanto de la realidad compleja y difícil de la política en sí y más en aquel tiempo, como por el cariz que tomaban ciertas medidas y políticas, ya que para algunos de los miembros del grupo eran demasiado radicales. Ya en diciembre de 1931 Ortega y Gasset pronunció un discurso titulado «Rectificación de la República», marcando sus diferencias hacia varias cuestiones que recogía el proyecto constitucional y sobre determinadas políticas del Gobierno. Ortega criticaba el anticlericalismo (la expulsión de los Jesuitas), las autonomías porque, según él, alentaban los nacionalismos y la intervención del Estado en la economía, aunque también marcó distancias con los sectores más derechistas por seguir pretendiendo mantener sus privilegios. En realidad, Ortega y Gasset defendía una postura paternalista y elitista de la política, de la República. Pretendía que se hiciesen reformas, habida cuenta de lo desgastado del sistema político de la Restauración, pero sin concesiones importantes hacia la izquierda, sintiendo además una profunda alergia por el enfrentamiento partidista.

Otro ejemplo de claro distanciamiento lo tenemos en Ramón Pérez de Ayala, que terminaría arremetiendo con dureza, posteriormente, contra el Frente Popular y contra Azaña.

El 13 de octubre de 1933 se hizo pública la disolución de la Asociación, anunciando sus impulsores que su objetivo ya había sido cumplido: la contribución al establecimiento de la República en España. Algunos miembros de la Agrupación terminaron en otras fuerzas políticas, tanto de derechas como de izquierdas.

La Federación Universitaria Escolar

La Federación Universitaria Escolar, conocida como la FUE, así como su expresión nacional, la Unión Federal de Estudiantes Hispanos (UFEH) fueron unas organizaciones universitarias y escolares españolas que aparecieron en la etapa final de la Dictadura de Primo de Rivera, y adquirieron un protagonismo clave en su crisis, en el advenimiento de la II República española y como modelo para el movimiento estudiantil antifranquista de los años sesenta. Su importancia es clave, además, en la historia universitaria española por los logros que consiguieron en relación con la participación democrática de los estudiantes en la Universidad, y en el fomento de la cultura entre el pueblo. Representaron una alternativa laica frente a las asociaciones confesionales, como la Confederación de Estudiantes Católicos de España, así como ante las de signo tradicionalista y, posteriormente, falangista.

Los precedentes de la FUE deben buscarse en las asociaciones estudiantiles de tendencia liberal de principios del siglo XX, como la Unión Escolar, asociación fundada por Filiberto Villalobos. El precedente más directo sería la Unión Liberal de Estudiantes (ULE), creada en 1924. La ULE fue perseguida por la Dictadura, que nunca tuvo el apoyo de la Universidad. Esta persecución motivó que muchos estudiantes decidieran crear una asociación que no tuviera connotaciones políticas. Entre estos estudiantes destacaron Emilio González, José Dicenta, José Medina, Antonio María Sbert o Prudencio Sayagués. Transformaron las asociaciones profesionales que se habían creado por un decreto previo a la Dictadura, del año 1919 debido a César Silió, en otras más modernas y eficaces, pero desde la neutralidad política y religiosa. Se entroncaba, de ese modo, con el espíritu de la Institución Libre de Enseñanza. La FUE se creó en el curso 1927-1927. Entre sus directivos de primera hora estarían, además de los estudiantes citados, Antolín Casares, Arturo Soria, José López Rey, Eduardo Carlos Gilabert y Carmen Caamaño.

En 1928, un comité a favor de la UFEH pidió la legalización de la organización federal, pero el Gobierno se negó. Este hecho y un decreto del 29 de mayo de 1928 de Eduardo Callejo de la Cuesta provocaron que llegara a un punto máximo la tensión en la Universidad española. Los estudiantes se enfrentaron a la política educativa de la Dictadura. Uno de los puntos clave de la oposición estudiantil estaba en el rechazo a un artículo del decreto que favorecía a las universidades privadas de Deusto y El Escorial. Estallaron huelgas y disturbios, duramente reprimidos. Aun así, se consiguió la abolición de dicho decreto. Además, esta protesta fue uno de los factores que precipitó la caída de Miguel Primo de Rivera.

Por fin, en abril de 1930 la UFEH pudo celebrar su congreso constituyente. En julio el ministro de Instrucción, Elías Tormo, los aprobó. La UFEH, o las FUE se extendieron por todas las universidades españolas y contribuyeron a la llegada de la República a España. En la II República consiguieron la representación oficial de los estudiantes en los claustros universitarios, juntas de gobierno y consejo universitario. Su interés en esta época se centró, además, en participar en la reforma de la enseñanza y en el intento de que las clases populares accedieran a la cultura y la educación. En este sentido, se creó la Universidad Popular y se fomentó la extensión universitaria.

Los anarquistas

Los anarcosindicalistas de la CNT vivieron una dura etapa de represión y de clandestinidad durante la Dictadura de Miguel Primo de Rivera, y que les afectó de forma evidente. El dictador buscó siempre el entendimiento con el socialismo, buscando legitimar su régimen, pero con el anarcosindicalismo no cabía acercamiento[26].

Los más activistas anarcosindicalistas encontraron serias dificultades para la labor de los grupos de acción terrorista y su enfrentamiento con el sector más posibilista, encabezado por Ángel Pestaña, contribuía, además, a complicar el desarrollo de la central sindical.

En plena crisis del anarcosindicalismo por los dos factores señalados, es decir por la represión gubernamental y por los enfrentamientos internos, surgió la FAI, la Federación Anarquista Ibérica en Valencia

---

26. Visiones completas de la CNT y de la FAI y muy modernas, se pueden consultar en sendas monografías de Julián Vadillo, *Historia de la CNT. Utopía, pragmatismo y revolución,* Madrid, Los Libros de la Catarata, 2019, e *Historia de la FAI. El anarquismo organizado,* Madrid, Los Libros de la Catarata, 2021. En todo caso, también es de obligada consulta la obra de Josep Termes, *Historia del anarquismo en España (1870-1980),* Barcelona, RBA, 2011.

en el mes de julio de 1927. Como indica su nombre, su ámbito incluía toda la Península, aunque, en principio, se le quiso dar una dimensión europea y americana a esta federación. Se trató de reunir a todas las tendencias del anarquismo. La reunión de Valencia culminaba un proceso de reuniones previas en Barcelona, Francia y Portugal. En dicha reunión se integraron la Unión Anarquista Portuguesa, la Federación Nacional de Grupos Anarquistas de España y la Federación de Grupos Anarquistas de Lengua Española en Francia. La FAI pretendía asegurar la hegemonía anarquista en la CNT, frente a la influencia de la minoría comunista y de los dirigentes sindicalistas reformistas más moderados. Se estableció la fórmula de la «trabazón», es decir el enlace entre la línea sindical y la de los específicamente anarquistas.

En el intenso período que va desde la caída de Primo de Rivera a la proclamación de la República, los anarcosindicalistas comenzaron a movilizarse. En febrero de 1930, la CNT seguía en la clandestinidad, pero se celebró un pleno de regionales, que se pronunció por la colaboración con los republicanos aunque en términos un tanto ambiguos. Se basaba en la necesidad de que se convocaran unas Cortes Constituyentes, se afirmase la libertad sindical y se amnistiase a los presos políticos. Pestaña protagonizó un acto clave para que la CNT volviera a ser legal, al entrevistarse con el general Mola, director general de Seguridad. La legalización de la central sindical permitió el resurgimiento de la actividad anarcosindicalista. Pestaña, Juan Peiró y otros dirigentes movieron a la CNT hacia una cierta colaboración con los conspiradores republicanos. De forma paralela, se volvía a la estrategia de la huelga y la movilización. Pero en la CNT seguía siendo poderoso el sector contrario a la colaboración con los republicanos y a aceptar compromisos con fuerzas que no fueran obreras. Por otra parte, los republicanos no se atrevieron a dar el paso de invitar a los anarcosindicalistas a la conjunción antimonárquica que se estaba formando, prefiriendo a los socialistas.

Los comunistas

La situación de los comunistas en vísperas de la proclamación de la Segunda República puede ser considerada la de mayor debilidad en el seno de la izquierda obrera, si comparamos su peso con el del PSOE o con el anarcosindicalismo[27]. El PCE no había tenido aún un importante desarrollo organizativo. En el año 1925 accedió a la Secretaría General José Bullejos, sustituyendo a César Rodríguez González. Bullejos impuso unas tesis muy dogmáticas y ultraizquierdistas, en plena época de clandestinidad. Esa estrategia aisló a la organización, pero permitió que sobreviviera durante la Dictadura de Primo de Riera. También es cierto que en el seno del comunismo español estaba surgiendo una figura más activa y con más visión de futuro. Nos referimos a José Díaz, desde Sevilla.

Al terminar la Dictadura de Primo de Rivera, la postura de los comunistas seguía marcada por las directrices de la Internacional Comunista. En la reunión clandestina celebrada en Bilbao en el mes de marzo de 1930 se defendió la revolución social y el establecimiento de una República de soviets campesinos y obreros. Además, se negó cualquier posibilidad de colaborar con otras fuerzas políticas. Estas resoluciones aislaron aún más al PCE en el seno del heterogéneo mundo de fuerzas políticas y sociales de oposición al sistema. Una fórmula para ampliar sus bases y alcanzar una posición de mayor fuerza fue la de intentar ampliar su influencia en el mundo sindical. Para ello se creó el Comité para la Reconstrucción de la CNT, pero los anarquistas presentaron una firme oposición a este Comité y aquellos militantes comunistas de la central sindical fueron expulsados.

Por fin, tenemos que aludir a Joaquín Maurín, que en el año 1920 llegó a la Secretaría del Comité Regional de la CNT. No consiguió sacar

---

27. Para la Historia del PCE el lector puede acudir a la monografía de José Luis Martín Ramos, *Historia del PCE*, Madrid, Los Libros de la Catarata, 2021.

adelante su propuesta para que la CNT entrara en la III Internacional, por lo que decidió fundar unos Comités Sindicalistas Revolucionarios, en el año 1922 y en Bilbao. Dos años después, Maurín ingresó en el PCE. Se convirtió en un teórico dentro del Partido. Moscú evitó que fuera expulsado en 1927 pero, al final, esta expulsión llegaría en 1931. Maurín decidió formar el Bloque Obrero Campesino (BOC), del que sería nombrado presidente. El Bloque nació en marzo de 1931, como resultado de una fusión entre el Partit Comunista Català de Jordi Arquer y la Federación Catalano-Balear del PCE de Maurín. El BOC era una plataforma de propaganda mientras que la Federación Catalano–Balear, denominada desde 1932 Federación Comunista Ibérica, y cuyo secretario general también era Maurín, era el grupo activo[28].

Los socialistas y su preparación para la consolidación de la Segunda República

El 23 de abril de 1931 se publicó en *El Socialista* un largo artículo donde se hablaba de la necesidad de que los socialistas se preparasen para el futuro.

La tesis socialista partía del hecho de que no bastaba con que las derechas y la alta jerarquía eclesiásticas hubieran declarado que acataban la República. Eso había tranquilizado a los republicanos, pero eso no consolidaba el cambio. Este, considerado como una revolución, no se afianzaría si no se hacía una profunda obra de transformación social, sobre todo en la agricultura, y como los cambios que había que emprender eran tan grandes generarían a buen seguro la reacción de los terratenientes, que sería aprovechada por las derechas para enfrentarse

---

28.   Sobre el BOC, Andrew Charles Durgan, *B.O.C. 1930-1936. El Bloque Obrero y Campesino*, Barcelona, Laertes, 1996. Por otro lado, para conocer la totalidad del movimiento obrero catalán existe, María Teresa Martínez de Sas y Peali Pagès (ed.), *Diccionari biogràfic del moviment obrer dels Països Catalans*, Universitat de Barcelona, 2000.

a la República e intentar recuperar el poder. Por consiguiente, era un deber de los republicanos y socialistas estar alerta, es decir, la República era para estos últimos un cambio más allá de lo político, en la línea siempre defendida de asociar el republicanismo con su dimensión de cambio social. Pero, además, se reconocía que ese cambio generaría resistencias evidentes, una consecuencia que, como bien sabemos, tuvo lugar.

A continuación, se reconocía que el cambio en sí no había parecido muy difícil, y ello se interpretaba por la descomposición a la que había llegado el viejo régimen monárquico. Se había cedido por puro desfallecimiento, por falta de energías. El día 14 de abril el poder había estado en la calle, a merced de quien quisiera ocuparlo. Se consideraba como un acierto el acuerdo de republicanos y socialistas, que había desembocado en la creación de un órgano adecuado para encauzar la revolución y constituir inmediatamente un Gobierno como una garantía para todo el país. ¿Qué hubiera pasado sin este acuerdo? La respuesta producía, en opinión del periódico, un hondo estremecimiento, porque se podía haber caído en una tiranía extremista, que disfrazada de «huera fraseología revolucionaria», seguiría en la política una orientación profundamente reaccionaria. Como vemos, esta es una postura bien moderada desde el socialismo, alabando cómo se había canalizado el cambio impidiendo la violencia y el extremismo.

Los republicanos y los socialistas debían comprender que poseer el poder no significaba la revolución. Esta comenzaba ahora, con trabajo constante, orientando la República hacia soluciones modernas para todos los problemas planteados. Ya no era posible la restauración porque la democracia española había alcanzado un grado de madurez que lo impediría. La juventud, además, estaba impregnada de idealismo moderno y tenía un acusado sentido de independencia ciudadana. No era, por lo tanto, posible esa restauración monárquica, aunque sí el intento perturbador de restaurarla, por lo que había que hacer frente a ese peligro de forma enérgica. Y esto supondría sacrificios.

Por otro lado, se interpretaba que cuando la derecha se convenciese de que la restauración no era posible, se agruparía en una fuerza poderosa con el fin de mediatizar y dominar la República, orientándola de forma reaccionaria. Este era un serio peligro para los socialistas, y al que había que hacer frente desde las dos organizaciones, la política y la sindical. La alegría no debía impedir la meditación. No deja de ser interesante que los socialistas vaticinasen, con su propia interpretación de lo que ello podía suponer, la evolución de una parte fundamental de la derecha, que se fue agrupando hasta formar la CEDA.

Las necesidades del nuevo régimen requerían que se desarrollase una actividad máxima en relación con la propaganda y la organización. Era responsabilidad socialista conseguir que en España el sentimiento democrático, socialista y republicano pasara a ser conciencia republicana, porque no era lo mismo. La conciencia, y no podía ser de otra manera en el socialismo, era quien imprimía su sello a las revoluciones. También se teorizaba en el artículo sobre los beneficios de la revolución. En general, los hombres que las hacían no gozaban de los beneficios producidos, pertenecían a una generación condenada al sacrificio. Solamente disfrutaban del placer de destruir el viejo régimen, para crear un mundo mejor para las generaciones venideras, que serían las que terminaría gozando los beneficios que se obtenían. Los socialistas, en conclusión, tenían que prepararse para el sacrificio constante con el fin de consolidar la República y orientarla en un sentido de progreso.

Los conflictos sociales en el primer Bienio de la República

La Segunda República llegó a España de forma pacífica. Se trató de una verdadera excepción en la Historia contemporánea de nuestro país hasta ese momento, ya que los cambios bruscos de situación política se habían producido con una mayor o menor carga de violencia. Así se puede comprobar en el bienio 1835-1837 cuando se consiguió que la Corona se inclinase definitivamente hacia la construcción de un Estado liberal para superar el régimen del Estatuto Real En 1854 la Vicalvarada terminó con el monopolio moderado en el poder y abrió el Bienio Progresista. La Revolución de 1868, incluyendo la Batalla del puente de Alcolea, derribó el régimen isabelino y trajo la intensa etapa del Sexenio Democrático. Los factores que pueden explicar que aquellos días de abril de 1931 fueran los de una fiesta popular deben encontrarse en la confluencia de diversos sectores políticos y sociales a favor del cambio, superando momentáneamente sus diferencias (republicanos de distintas tendencias, socialistas y nacionalistas catalanes) o dejando hacer (anarcosindicalistas), junto con la presión popular en la calle que sorprendió a partidos y sindicatos. Por otro lado, tiene que tenerse en cuenta que el desbordamiento de los acontecimientos dejó sin una clara capacidad de respuesta a las fuerzas conservadoras y dinásticas, sin olvidar que era muy difícil seguir defendiendo con energía la causa monárquica, completamente desprestigiada al vincularse con una dictadura que había liquidado el régimen constitucional liberal.

Pero la paz social no duró mucho más tiempo. Los conflictos laborales reaparecieron y surgió otro motivo de conflicto. La política laboral y social seguida por Francisco Largo Caballero en el Gobierno suscitó tanto la oposición de la patronal agraria e industrial como de la CNT. Sin entrar en el debate sobre el carácter de esta legislación, es evidente que suponía la mayor apuesta hasta el momento por establecer cambios importantes en las relaciones sociales de producción, aunque desde los planteamientos del sindicalismo socialista representado por la UGT. Se pretendía que este sindicato adquiriese la preponderancia en el ámbito laboral y que fuera el interlocutor de la clase obrera con la patronal, frente al modelo anarcosindicalista de conflicto permanente. Esa preponderancia debía establecerse a la hora de las negociaciones de los contratos de trabajo y, aunque solamente quedaría en el papel, terminar por asumir el control sindical sobre la gestión de las industrias. Aunque la patronal pudiera ver con mejores ojos los planteamientos sindicales de la UGT que los de la CNT no estaba dispuesta a aceptar la intervención del Estado en materia laboral, especialmente en el campo y, mucho menos, que los obreros pasaran a gestionar las empresas. La CNT, por su parte, consideraba que Largo Caballero pretendía arrinconar al sindicalismo anarquista, además de que no podía aceptar las políticas emprendidas o planteadas por no considerarlas verdaderamente revolucionarias. El modelo sindical socialista buscaba la negociación ante todo, siendo la huelga el último recurso, que debía emplearse siempre con moderación y mucha prevención porque podía volverse contra los obreros. La UGT se sentía cómoda dentro de organismos paritarios con la patronal para negociar. Por eso, al principio había colaborado con el organigrama laboral —comités paritarios— de la Dictadura de Primo de Rivera, y ahora en la República con los jurados mixtos. La CNT defendía la movilización en masa y la acción directa. Estaríamos ante un capítulo fundamental de la complicada relación entre socialistas y anarcosindicalistas, que venía de lejos y que ahora se agudizaría al máximo, ayudándonos a entender algunos aspectos fundamentales de las intensas diferencias en el seno de la izquierda y del movimiento obrero.

Estallaron las primeras huelgas, destacando la de la Telefónica en Madrid. La CNT rechazaba a través de las huelgas la política laboral del Gobierno, pero además se sentía claramente la influencia de la FAI, que defendía una revolución que no podía dilatarse más tiempo.

El enfrentamiento entre la UGT y la CNT fue muy evidente en Madrid, ya que la central anarcosindicalista optó por intentar hacerse con la hegemonía en el mundo laboral de la capital de España donde tradicionalmente había imperado la UGT. Los anarcosindicalistas pusieron sus miras en el trabajador poco cualificado, especialmente en el ámbito de la construcción y de la hostelería porque sabían que eran sectores que estaban creciendo y porque le era más difícil penetrar en los ámbitos obreros que necesitaban mayor cualificación y que eran eminentemente socialistas. La tensión social creció y se produjeron más huelgas hasta el culmen del bienio 1933-1934. La UGT participó en ellas obligada, ya que temía que si se enfrentaba a las mismas podía perder su preponderancia sindical madrileña. Pero también hay que destacar la evolución de la estrategia sindical ugetista a partir de 1932 y, sobre todo, a raíz de la derrota de la izquierda en las elecciones de 1933. La UGT giró hacia una mayor radicalización, y eso fue un factor determinante para que aumentase el número de huelgas en Madrid.

En el resto de España la conflictividad social subió hasta 1933 aunque en el año 1934 antes de la Revolución de Octubre bajó significativamente. Las principales huelgas generales fueron inspiradas por la CNT y, en cierta medida, por los incipientes sindicatos de raíz comunista.

La mayor tensión en los años iniciales de la República se produjo con las insurrecciones promovidas por la CNT e impulsadas por la FAI, especialmente cuando en la CNT dejaron de estar los denominados «trentistas», es decir los moderados enfrentados a la estrategia impuesta por la FAI. Habría que destacar la sublevación en enero de 1932 en el Alto Llobregat, la del mismo mes, pero de 1933 en pueblos levantinos, y de Cádiz y Sevilla, destacando el caso de Casas Viejas, ferozmente reprimido y que fue uno de los factores que explicarían la caída del Gobierno de Azaña. En diciembre, ante la victoria en el mes anterior del centro-derecha, se repitió la insurrección. Se produjeron graves enfrentamientos en Barcelona y Zaragoza, y se llegó a proclamar el comunismo libertario en diversas localidades de Aragón y La Rioja. Todas estas insurrecciones fueron duramente reprimidas con centenares de muertos y detenidos.

La estructura política de la Segunda República

El Gobierno Provisional

El Gobierno Provisional de la República fue presidido por Niceto Alcalá-Zamora, líder de la Derecha Liberal Republicana, católico, y que procedía de la antigua clase política de la Restauración, y que desengañado del régimen evolucionó hacia el republicanismo moderado. Sería, posteriormente, el primer presidente de la República.

El ministro de la Gobernación era Miguel Maura, hermano de Gabriel, que había pertenecido al último Gobierno de la Monarquía, ambos hijos de uno de los políticos más destacados del Partido Conservador de la Monarquía, Antonio Maura. Miguel era compañero de militancia de Nicolás Alcalá-Zamora. Tanto Alcalá-Zamora como Maura fueron genuinos representantes de la derecha democrática católica española.

Alejandro Lerroux llevaba, también, muchos años en la política desde el Partido Radical, la formación más importante del republicanismo español hasta ese momento, aunque con recursos económicos escasos y convertido más bien en una suma de organizaciones que en un sólido partido. Ya no era el político encendido y populista de la Barcelona donde se le conoció como el emperador del Paralelo. Era ministro de Estado (Asuntos Exteriores). Lerroux consideraba que este era un ministerio de segunda y que merecía más poder, pero era el político que más prevenciones levantaba entre los demás por la imagen clientelar y corrupta que le acompañaba y que aumentaría en el futuro. Terminaría presidiendo varios Gobiernos de la época del Bienio radical-cedista.

El Partido Radical tenía otro miembro en el Gobierno, Diego Martínez Barrio, conspirador contra la Dictadura, y que había sido concejal de Sevilla durante muchos años. Se encargó del Ministerio de Comunicaciones, tampoco un Ministerio de gran peso político. Martínez Barrio terminaría alejándose de Lerroux por la vinculación de este hacia la CEDA y la derecha. Presidiría la República en el exilio.

Nicolau d'Olwer ocupó la cartera de Economía. Se trataba de un profesor, que en 1922 había participado en la fundación de *Acció Catalana,* y que acababa de fusionarse con Acción Republicana de Catalunya para formar el *Partit Catalanista Republicà.* D'Olwer representaba el autonomismo catalán desde posturas moderadas frente a la Esquerra que, por otro lado, terminó por ser hegemónica en Cataluña.

A la izquierda se encontraba Manuel Azaña, antiguo militante del Partido Reformista de Melquiades Álvarez, y ahora destacado dirigente de la Alianza Republicana. Azaña era el gran intelectual del gobierno y personaje llamado a altos destinos en la República y en la Historia de España. Se encargó del Ministerio de la Guerra.

Santiago Casares Quiroga, dirigente de la Organización Republicana Gallega Autónoma y abogado coruñés, se encargó del Ministerio de Marina.

Marcelino Domingo, maestro y periodista, destacado republicano y fundador del *Partit Republicà Català* ocupó la cartera de Instrucción Pública. Domingo junto con Álvaro de Albornoz, a la sazón, ministro de Fomento, habían fundado el Partido Radical Socialista por discrepar con la línea política del radicalismo de Lerroux. Se trataría de un partido a su izquierda. Albornoz era abogado y periodista.

El Partido Socialista Obrero Español tuvo a tres figuras destacadas en el ejecutivo. Fernando de los Ríos, catedrático e intelectual, fue el ministro de Justicia. Indalecio Prieto, autodidacta, periodista, veterano militante e infatigable luchador contra la Dictadura, defendió el compromiso con los republicanos frente a la contemporización con el dictador Primo de Rivera por lo que estuvo en la reunión del Pacto de San Sebastián a título personal y no representando al Partido. Se encargó de la responsabilidad de Hacienda. Por fin, otro de los grandes dirigentes del Partido, Francisco Largo Caballero, fue ministro de Trabajo. Largo era, además, secretario general de la UGT; había apoyado la aceptación de cargos públicos con Primo, aunque con el tiempo se distanció de esta tesis. Estaría llamado a altas responsabilidades en un momento crucial de la Historia de España en plena guerra civil.

El Estatuto Jurídico del Gobierno Provisional

El día 15 de abril de 1931 se publicó un Decreto en la *Gaceta de Madrid,* por el que se anunciaba que el Comité Político de la República había tomado el poder adoptando el título de Gobierno Provisional de la República. Un segundo decreto nombraba a Niceto Alcalá-Zamora presidente del Gobierno, que asumía las funciones de Jefe de Estado. Recordemos que estas funciones habían sido ejercidas por el rey Alfonso XIII hasta el día anterior, por lo que se evitaba con ambos decretos la situación de vacío de poder. También se hacía público el nombramiento de los ministros del Gobierno Provisional.

Pues bien, en ese mismo momento entró en vigor el Estatuto Jurídico del Gobierno, y que lo estaría hasta la aprobación en diciembre de la Constitución de 1931.

El Estatuto estipulaba que el Gobierno tendría plenos poderes, pero para evitar la arbitrariedad, y habida cuenta de que no había poder legislativo que pudiera controlar al Gobierno, se sujetaría a normas jurídicas. Quedaba claro en el propio Decreto que, una vez elegidas las Cortes Constituyentes, el Gobierno se sometería a las mismas.

El artículo segundo establecía el propósito de someter a juicio los asuntos que quedaron pendientes en las Cortes en 1923 cuando se produjo el golpe de Primo de Rivera. Es evidente que se trataba de una alusión a los hechos que estaban siendo investigados en relación con el Desastre de Annual, de tanta trascendencia en el desencadenante final de la crisis del sistema político de la Restauración. Pero también se aludía los hechos producidos posteriormente, es decir en la Dictadura.

Los artículos tercero, cuarto y quinto tienen mucha importancia porque contienen una especie de declaración provisional de derechos hasta que esta parte fuera elaborada y aprobada en la futura Constitución. El Gobierno asumía, en el artículo tercero, el reconocimiento de la libertad de creencias y culto. En el artículo siguiente se reconocía la libertad individual y los denominados «derechos ciudadanos». Por fin, en el artículo quinto se reconocía el derecho de la propiedad, pero anunciaba algo de las restricciones que luego la Constitución establecería, ya que aludía a que dicho derecho en el campo estaba sujeto a la función social de la tierra por la terrible situación social de la mayoría de los campesinos.

El artículo sexto facultaba al Gobierno Provisional para suspender temporalmente los derechos reconocidos en el artículo cuarto, aunque debería argumentarlo ante las Cortes Constituyentes. Se justificaba por el deber del Gobierno de defender la República de sus posibles enemigos, aunque no se cita este término, aludiendo a «quienes desde fuertes posiciones seculares y prevalidos de sus medios, pueden dificultar su consolidación». Pero, sin lugar a dudas, esta cuestión fue y es polémica, ya que no quedaba clara la cuestión de las garantías de los derechos y podría dejar la puerta abierta a la suspensión de algunos derechos como los de reunión o manifestación para las opciones políticas y sindicales contrarias a la República, como los partidos monárquicos y muy conservadores, o los anarcosindicalistas de la CNT y los comunistas.

El sentido de la democracia de Fernando de los Ríos en junio de 1931

Fernando de los Ríos, a la sazón ministro de Justicia del Gobierno provisional, pronunció un discurso en la Casa del Pueblo de Madrid, dentro de la denominada «decena juvenil de propaganda», organizada por las Juventudes Socialistas el 1 junio de 1931, semanas antes de las elecciones a Cortes Constituyentes, donde compartió una serie de reflexiones sobre la democracia, el socialismo, y las organizaciones obreras[29].

Fernando de los Ríos consideraba que eran muy importantes este tipo de actos de carácter pedagógico porque el país se encontraba en una encrucijada, ya que, no hacía ni dos meses que se había proclamado la República, pero, sobre todo porque el Partido Socialista y el movimiento obrero debían aprender a funcionar en democracia, algo completamente novedoso en la Historia de las organizaciones socialistas porque la aprobación del sufragio universal en 1890 no supuso, como apuntamos nosotros, una democratización del sistema liberal de la Restauración, habida cuenta del fraude institucionalizado.

29.　Ver el número del 2 de junio de 1931 de *El Socialista*. Para acercarnos a la figura de Fernando de los Ríos, uno de los intelectuales más importantes del socialismo español, además de la obra que citamos en otro capítulo de Virgilio Zapatero, podemos acudir a la monografía más moderna del propio Virgilio Zapatero, *Fernando de los Ríos. Biografía intelectual*, Madrid-Granada, 1999. Octavio Ruiz-Manjón tiene un trabajo en Sistema del año 1999, titulado «El compromiso político de un institucionista (Fernando de los Ríos)». *El Boletín de la Institución Libre de Enseñanza* en el año 2000 homenajeó a nuestro protagonista. Por fin, también es muy interesante la lectura del trabajo de Mario López Martínez y José Ángel Ruiz Jiménez, sobre el poder y la no-violencia en Fernando de los Ríos, incluido en el libro colectivo y coordinado por José Luis Casas Sánchez y Francisco Durán Alcalá, *Historia y Biografía en la España del siglo* XX: II *Congreso sobre el Republicanismo*, Córdoba, 2003.

Las masas, según el político socialista, habían conquistado la libertad política. Había sido más fácil su conquista que la tarea de sostenerla con dignidad, y esto era una responsabilidad de los socialistas. En primer lugar, había que intentar conciliar las ideas, la ilusión de las organizaciones obreras con la realidad, una tarea complicada, aunque el orador señaló que podía ser más fácil para los trabajadores, acostumbrados a vivir apegados a la realidad, que para los intelectuales, que consideraban que «la ilusión puede ir derritiéndose fácilmente en realidades».

Una vez alcanzada la democracia, había que luchar por el establecimiento de una democracia socialista. La tarea, por tanto, era doble, la conservación de la democracia política, pero, también, la trabajar para imprimir una clara orientación socialista en la economía.

La democracia política significaba mucho. No podía ser menos en un personaje cómo Fernando de los Ríos siempre escrupuloso con las libertades y defensor del debate sereno de las ideas. Fernando de los Ríos alertaba del peligro autoritario que anidaba en una parte de la izquierda. Los partidarios en su seno de este autoritarismo consideraban que era el mejor medio para formar conciencias. No olvidemos la importancia del viaje que realizó a la Rusia soviética, reflejado en una obra ya considerada como un clásico, y donde haría una crítica profunda del totalitarismo. Pero De los Ríos consideraba que los socialistas españoles amaban la libertad. Los hombres debían convencerse de dentro a fuera, aunque parecía más fácil el camino de la amenaza desde fuera hacia dentro. El convencimiento era un método lento pero seguro. Fernando de los Ríos ponía el ejemplo del prestigio alcanzado por el Partido Socialista, con una autoridad mayor que el número de hombres que lo componían, «pero no mayor de la que por su actuación ha conquistado». El Partido había conquistado poco a poco con su ejemplo y austeridad a los trabajadores, a los estudiantes e intelectuales, y a los miembros de las profesiones liberales.

Fernando de los Ríos temía que solamente hubiera una preocupación por el número, que la democracia se interpretase solamente en función del mismo, que el Partido en ese momento creciese de forma desorbitada. No cabe duda que era consciente que el PSOE iba a crecer o lo estaba ya haciendo de forma evidente ante su protagonismo en el inicio de la Segunda República. Los aluviones no eran convenientes porque terminaban arrollando a los hombres con autoridad, entendida esta, según nuestra interpretación, no solo como autoridad política, sino también moral. Esa democracia no era la que deseaba Fernando de los Ríos, sino, regresando a su argumento anterior, la que partía de dentro hacia fuera, y que permitía que dirigiesen el Partido las personas que merecían «garantía». Y ese método era el que había aplicar a la democracia en España.

Para evitar los aluviones que desbordarían a las organizaciones socialistas, había que realizar una intensa labor pedagógica. Por eso pidió a los jóvenes que se movilizasen para explicar lo que era el socialismo, así como la «emoción socialista», seguramente aludiendo a lo que era un ejercicio de razón y sentimiento, con el objetivo de crear conciencia. Ese momento histórico necesitaba de ese trabajo, de ejercer la democracia, de hacer política, considerada como el arte de hacer posible lo necesario, y que lo posible llegase a ser necesario.

Los socialistas tenían una misión fundamental en 1931, la de cimentar el nuevo régimen político. Fernando de los Ríos fue un declarado republicano, siempre luchó por la alianza del socialismo con los republicanos, y en este discurso está latente esa idea. Pero también era socialista, de ahí la necesidad del cambio económico, de la intervención de los trabajadores en la dirección de las empresas, en fin, de la defensa del interés general sobre el individual, como expresaría con gran elocuencia en el debate constitucional sobre el derecho de propiedad.

En ese sentido, el papel socialista en el Gobierno provisional, y en las futuras Cortes constituyentes era el de imprimir una orientación social a la nueva democracia. Y por eso hablaba de lo que ya se había conseguido gracias a la presión socialista: ahorro en el presupuesto de guerra y el avance del derecho social, para insistir en la necesidad de la reforma agraria que cambiara la situación social y económica de tantas personas en España, asunto capital para el político rondeño.

El discurso terminó apelando al trabajo de los jóvenes, y a la importancia histórica de las elecciones de junio. Era la hora de los socialistas, una hora de responsabilidad.

Marcelino Domingo sobre el nuevo régimen republicano

Marcelino Domingo Sanjuán, a la sazón ministro de Instrucción Pública en el Gobierno Provisional de la República[30], pronunció una conferencia en el local del Centro Federal Republicano de Tarragona en el verano de 1931[31]. Debemos recordar la importancia de Domingo en el seno del republicanismo catalán y español, sin olvidar su condición de maestro. En la República fue uno de los principales líderes del Partido Republicano Radical Socialista. En el siguiente Gobierno sería ministro de Agricultura, Industria y Comercio, y también solo de Agricultura. En el Gobierno del Frente Popular se haría cargo de nuevo de la Instrucción Pública. Domingo y De los Ríos fueron, sin lugar a dudas, los ministros más importantes en el área de la Educación en tiempos de la República por su compromiso en la mejora de todos los aspectos relativos a la misma.

Pues bien, como decíamos al principio, a finales de agosto estuvo en Tarragona y allí pronunciaría un discurso relativo al régimen republicano,

---

30. Hemos consultado el número 7039 de *El Socialista*.

31. Sobre Marcelino Domingo, Josep-Lluís, *Marcel.lí Domingo (Tarragona, 1884-Tolosa 1939): de la escuela a la República*, Tarragona, Ediciones El Médol, 1990. También se puede consultar el trabajo de Sànchez Cervelló, Josep, *Marcel·lí Domingo i Sanjuan: Un llegat cristal·lí per a la República i per a Catalunya, a: Cuatro líderes tarraconenses de la República y el exilio.* Tarragona, 2007.

es decir, tenía un marcado carácter pedagógico en lo político. Domingo manifestó la necesidad que tenía el Gobierno de exponer cuáles eran los organismos que contaba para sostenerse en el poder, intentando enseñar las diferencias entre una democracia y una autocracia, y otras cuestiones, como tendremos oportunidad de comprobar.

Explicó que cuando el rumor era más fuerte que la voz del que mandaba la autocracia caía, y este sería, a su juicio, el caso español. Pero el problema surgía en las democracias cuando la voz de los que estaban al frente de los partidos era más fuerte que la de voz de la opinión interna de dichos partidos, y cuando la voz de los caudillos era también más fuerte que la de los partidos. En esos casos la democracia estaría viciada, siempre en la opinión del ministro.

La situación de los partidos en 1923, es decir, en vísperas del golpe de Primo de Rivera, había sido muy débil, y esta sería la causa de la llegada de dicha Dictadura. Si hubieran sido fuertes la Monarquía se habría transformado en República. Pasado 1923 se habían convertido en oposición revolucionaria.

Por otro lado, la República, a su juicio, estaba consolidada porque era legítima a través del parlamento; en este sentido, seguramente, se refería a las elecciones a Cortes Constituyentes, celebradas a finales de junio. Una vez alcanzada la legitimidad la acción de la República debía ser radical por dos razones. En primer lugar, por el secular atraso de España, pero también porque tenía que correr para equipararse a las democracias europeas.

Como buen republicano que fue Marcelino Domingo y, por lo tanto, respetuoso con la ley, opinó que las organizaciones obreras fuera de la misma conducían al fascismo italiano o al comunismo ruso. Por eso, era deber de la República encauzar todos los problemas. Domingo estaba defendiendo la democracia en un mundo en el que estaba en crisis frente a ambos totalitarismos.

Por fin, no dejó de hablar del asunto catalán defendiendo la tesis de que, si en 1919 los catalanes se sentían más catalanes que españoles, con la República todos se sentían españoles.

El sistema electoral en las elecciones para Cortes Constituyentes

El 28 de junio de 1931 tuvieron lugar unas elecciones trascendentales en la Historia de España. Nos referimos a las elecciones a Cortes Constituyentes para elaborar una Constitución para la recién estrenada República. Esos comicios tuvieron algunas segundas vueltas o elecciones parciales en determinadas circunscripciones electorales entre el verano y otoño de ese mismo año[32].

El Gobierno Provisional publicó el día 3 de junio de 1931 el Decreto de convocatoria de elecciones para formar Cortes Constituyentes, constituidas por una sola cámara, opción parlamentaria que luego se confirmaría en el texto constitucional.

La apertura de las Cortes debía producirse en una fecha mítica del calendario republicano occidental, el 14 de julio, y el día 28 de junio sería el día de las elecciones.

La recién nacida República no había aprobado todavía una legislación electoral propia, por lo que se aplicó la Ley Electoral de 1907, que había planteado Antonio Maura, como una reforma existente hasta ese momento. En todo caso, el Gobierno Provisional consideró oportuno reformar algunos de los aspectos fundamentales de la disposición a través de un decreto de 8 de mayo, es decir, muy poco tiempo después de proclamada la República. El decreto pretendía que las elecciones fueran claramente democráticas.

---

32.   .   Podemos consultar la monografía de Javier Tusell, *Las Constituyentes de 1931, unas elecciones de transición*, Madrid, Centro de Investigaciones Sociológicas, 1982.

En primer lugar, se eliminaba la elección uninominal en pequeñas circunscripciones por elección por lista y provincia, o de ciudad mayor de cien mil habitantes. Así pues, Madrid, Barcelona, Valencia, Bilbao, Sevilla, Zaragoza, Málaga, Córdoba, Granada y Murcia elegirían diputados por sus capitales y también por sus respectivas provincias. Por cada 50 000 habitantes se elegía un diputado. Este cambio supuso el primer golpe más claro al caciquismo, algo que se había pretendido con la reforma de Maura pero que, realmente, nada cambió. En esta misma línea de cambio profundo estaba la supresión del famoso artículo 29 de la Ley de 1907, que proclamaba elegidos automáticamente a los candidatos únicos, es decir, donde no había más que una candidatura, una artimaña que había permitido el mantenimiento de los procedimientos caciquiles, especialmente en el ámbito rural.

Por fin, otro aspecto fundamental para combatir el caciquismo y la compra de votos fue que el decreto de mayo convertía en fedatarios a todos los funcionarios públicos que fueran letrados, además de instar al Ministerio Fiscal a la persecución de cualquier tipo de soborno. La Ley electoral de 1907 había establecido que el Tribunal Supremo tendría la potestad de dictaminar sobre las actas electorales protestadas. Ahora se abolía esta intervención. En principio, parecía un retroceso porque se quitaba una garantía judicial, pero, al parecer, el Tribunal había sido muy poco efectivo y se habían eternizado mucho los procedimientos de reclamación. El Gobierno buscaba la agilidad porque quería que se pusiesen muy pronto en marcha las Cortes, ya que su misión era construir el nuevo sistema político, y no se podía mantener por mucho tiempo la provisionalidad.

El sistema electoral combinaba aspectos proporcionales con otros mayoritarios, primando siempre la candidatura más votada, aunque se reservaban puestos a la candidatura minoritaria. En caso de que no hubiera candidatos que alcanzasen el 20 % de los votos emitidos se produciría una segunda vuelta. Esto favorecía aún más a la lista más votada.

Las elecciones se celebrarían con sufragio universal masculino, aunque podría haber mujeres y sacerdotes candidatos. La mayoría de edad se rebajaba de 25 a 23 años.

Aunque ya hemos señalado que estos cambios, sin aprobar una Ley, favorecían la democracia como nunca se había producido en la Historia electoral española hasta el momento, conviene matizar, ya que, hay que ver si los comportamientos electorales en la España de comienzos de los años treinta habían cambiado radicalmente en relación con el pasado anterior. Tusell, Ruiz Manjón y García Queipo de Llano han señalado que, realmente, se trató de unas elecciones de transición. Parece probado que al Gobierno le animaba la imparcialidad, algo que no había existido en la época de la Restauración, habida cuenta de que los Gobiernos eran los que fabricaban las mayorías necesarias en el parlamento. Miguel Maura, a la sazón ministro de Gobernación, dio unas instrucciones públicas muy claras a los gobernadores civiles para que hiciesen cumplir estrictamente la legislación. Es verdad que antes se habían establecido circulares parecidas, pero Maura fijó más condiciones y advertencias pormenorizadas en relación con la limpieza de todo el proceso. La Fiscalía General de la República también se comprometió en el proceso con instrucciones muy detalladas para los fiscales.

Pero, en contraposición, parece que el Gobierno sí participó, en cierta medida, en la elaboración de algunas candidaturas a través de los propios gobernadores, aprovechando, además, el clima político de efervescencia republicana y la parálisis de la derecha monárquica, aunque no se pueda dudar de que fueron unas elecciones democráticas.

Interpretando los resultados de las elecciones a Cortes Constituyentes con Fernando de los Ríos

Los líderes socialistas realizaron declaraciones a la prensa en relación con las elecciones celebradas a finales de junio de 1931 para formar las Cortes Constituyentes. En este caso nos acercarnos a la interpretación que hizo de las mismas el destacado político socialista andaluz, Fernando de los Ríos, ministro del Gobierno Provisional[33].

Para De los Ríos la jornada electoral había hecho que la Segunda República renovase el «lauro», es decir, el triunfo moral de la Primera.

Elogió la labor del ministro Maura al frente de Gobernación porque había ejercido sus funciones de forma escrupulosa sin intervenciones en favor de ninguna candidatura, comentario que debemos enmarcar en la costumbre de manipulación electoral por parte del poder en las elecciones del sistema de la Restauración. En todo caso, aludió a que hubo gobernadores civiles que había realizado algún acto reprochable, aunque creía que no había sido por indicación del Ministerio.

El pueblo español había demostrado en las elecciones varias cuestiones. En primer lugar, que el régimen que murió (en abril), estaba ya tan terminado que, sin presión alguna, dos meses después en las elecciones la representación monárquica había sido insignificante. En nuestra opinión, las elecciones estaban legitimando, ya completamente, lo acontecido en abril.

También se habría puesto de manifiesto que el comunismo no tenía fuerza electoral, poniendo como ejemplo el caso madrileño, frente la incontestable fuerza de la alianza republicano–socialista, es decir, que, al igual que las fuerzas consideradas como reaccionarias habían sido derrotadas, las más extremistas (los anarcosindicalistas no participaban en política) también lo habían sido. Por otro lado, era evidente la fuerza del Partido Socialista. Además, había habido una gran generosidad

---

33.   Hemos consultado el número 6985 de *El Socialista.*

por parte de los socialistas porque en muchas provincias se habían dejado puestos a candidatos republicanos en proporción superior a las fuerzas que representaban.

También aludió a la conversión de políticos que habían tenido una clara significación de extrema derecha en el ámbito rural, hacia posiciones de defensa de reparto de las tierras para los campesinos. Era preciso «ensanchar el Camino de Damasco». De los Ríos se felicitaba porque eso allanaría el trabajo parlamentario. En este sentido, como bien sabemos, las cosas no fueron así realmente.

Estaba muy contento porque a las Cortes iban personalidades intelectuales muy destacadas, aunque no estaban todas las que hubiera querido. No olvidemos lo que Fernando de los Ríos representaba en la política española y en el socialismo.

Tenía mucha fe en el proceso constituyente. España tendría en un breve plazo de tiempo un nuevo sistema político que respondería a los anhelos de los españoles.

En conclusión, Fernando de los Ríos destilaba un enorme optimismo sobre el futuro, algo propio de aquel momento histórico.

El Anteproyecto Constitucional de 1931

La historia de la elaboración y aprobación de la Constitución de 1931 fue un proceso no muy largo, pero sí muy intenso y, sin lugar a dudas, apasionante. Tiene tres etapas: el anteproyecto de la comisión presidida por Ángel Ossorio y Gallardo, de tendencia moderada o conservadora; el proyecto de la comisión parlamentaria presidida por Luis Jiménez de Asúa de marcado carácter progresista y, por fin, la discusión, modificación y aprobación por parte de las Cortes del texto definitivo.

Un mes antes de convocarse las elecciones a Cortes Constituyentes el Gobierno nombró una comisión jurídica asesora, dependiente del Ministerio de Justicia, por un decreto del día 6 de mayo de 1931.

La comisión fue presidida por el prestigioso jurista y político católico avanzado Ángel Ossorio y Gallardo. Entre sus miembros destacaron Adolfo Posada, Manuel Pedroso, Agustín Viñuales, y Alfonso García Valdecasas, entre otros. El Gobierno justificaba la creación de esta comisión porque tenía que elaborar un anteproyecto constitucional que luego habría que llevar a la Asamblea Constituyente, aunque se reservaba el derecho a modificar lo propuesto antes de presentarlo a las Cortes. Este texto es menos conocido que el proyecto constitucional elaborado por la comisión parlamentaria, presidida por Luis Jiménez de Asúa. Este prestigioso jurista socialista declaró que se había tenido en cuenta el documento de la comisión jurídica pero son claramente diferentes. Suponen dos modelos ideológicos de abordar la Constitución republicana.

El texto que presentó la comisión jurídica asesora dejaba muy clara la libertad de conciencia y culto, de forma más evidente que la declaración un tanto ambigua de la Constitución de 1876. En este sentido, había una apuesta por la separación entre la Iglesia y el Estado, pero otorgaba a la Iglesia Católica un estatuto como asociación o corporación de derecho público, lo que le permitía crear centros educativos y que en ellos se impartiese enseñanza religiosa. A pesar de la moderación del anteproyecto, si lo comparamos con el proyecto parlamentario y con lo que luego se discutió y aprobó en las Cortes, con radical separación entre la Iglesia y el Estado y merma del poder e influencia de la primera, la jerarquía eclesiástica arremetió contra el anteproyecto, especialmente en lo relativo a la libertad de culto. El cardenal Segura llegó a decir en el verano de 1931 que se estaba ante un «ateísmo de Estado».

En relación con los poderes se optaba en el legislativo por un sistema bicameral con un Senado de composición corporativa. Ossorio era enemigo de la existencia de una sola cámara porque, según su opinión, no tendría freno. El proyecto de la comisión constitucional estableció, en cambio, una sola cámara. Jiménez de Asúa habló de la decadencia del sistema bicameral frente a la postura de Ossorio que aludió a su generalización en todos los sistemas democráticos. Asúa creía que la existencia de un Senado paralizaría o moderaría las leyes progresistas.

El presidente de la República tendría amplios poderes, ya que tendría el derecho de veto sobre la legislación aprobada en el legislativo y el poder de disolución de las cámaras. En el proyecto constitucional se frenó algo el poder del presidente de la República, especialmente en relación con la disolución del legislativo.

El Anteproyecto no especificaba ningún modelo de organización territorial para España, aunque reconocía la posibilidad de que hubiera autonomías, las conocidas como entidades autónomas para fines administrativos y políticos, algo más que las mancomunidades de la ley de 1913, a la que se acogió Cataluña al año siguiente, pero sin llegar a la solución federal. Se pretendía atender los deseos del nacionalismo catalán pero sin cerrar la puerta a otras regiones para que pudieran adoptar la fórmula autonomista. El proyecto parlamentario creó el concepto de «Estado integral», aceptando la solución autonomista.

El Anteproyecto no provocó entusiasmo unánime en el Gobierno, siendo especialmente crítica su ala izquierda, al considerarlo muy conservador. En realidad, obedecía a las ideas de la Derecha Liberal Republicana de Niceto Alcalá-Zamora y Miguel Maura, como se puede comprobar en las cuestiones del Senado y del poder del presidente de la República, o en el tema de la religión, algo lógico si vemos quiénes fueron los miembros de la comisión jurídica asesora. Frente al modelo republicano conservador del anteproyecto, Asúa habló en su discurso y exposición del proyecto de la comisión parlamentaria de un modelo de Constitución avanzada, no socialista, pero sí de izquierda, fruto de una comisión formada mayoritariamente por diputados socialistas y republicanos de izquierda, y que respetando la propiedad privada se subordinaba a los intereses generales, incluyendo los derechos sociales que diseñaban un primer Estado del Bienestar.

Los socialistas ante el Anteproyecto Constitucional de 1931

El Partido Socialista publicó en *El Socialista* del día 3 de julio de 1931, ya celebradas las elecciones a Cortes Constituyentes, su postura oficial, junto con la nota del propio Ossorio. El título del artículo era claro: «El engendro constitucional de Ossorio y compañía». En todo caso, ya había habido alguna breve alusión anteriormente. En el número del día 2 se avisaba que los socialistas consideraban que eran las derechas las que tenía que ceder más a la hora de elaborar la Constitución porque su hora había pasado. Los socialistas deberían presentar un texto contra los reaccionarios.

La crítica socialista al Anteproyecto de fundamentaba en varias razones. En primer lugar, era un texto que había nacido en el seno de una Comisión jurídica, por lo que pecaría de abstracto, alejado de la realidad social española del momento, y que no casaría con el proceso trascendental que había surgido desde el 12 de abril, es decir, era un paso atrás. Era el pilar fundamental de la crítica, el carácter conservador o retardatario del texto, hasta reaccionario y confuso, como fue calificado. Y esta afirmación rotunda se basaba en el respeto completo al derecho de propiedad, el permiso para la existencia de la educación religiosa y porque creaba un Senado, considerado anacrónico. Por su parte, los aspectos más sociales del Anteproyecto no se definían tan claramente, sino de una forma confusa y vaga, algo que no gustaba nada desde la perspectiva socialista. La cuestión de la organización territorial diseñada un tanto ambiguamente en el Anteproyecto no agradaba tampoco a los socialistas. La cuestión autonómica fue uno de los temas de más debate en seno del socialismo español, tan alérgico a las causas regionalistas y nacionalistas. Los socialistas acusaban al texto de que tampoco en cuestión de igualdad de sexos se especificaba mucho ni se planteaba en toda su extensión.

Uno de los temas que más enfadaba al PSOE era el educativo. Parecía conveniente que el Anteproyecto definiera la enseñanza primaria como obligatoria y gratuita, pero no se especificaba que debiera ser laica, «absolutamente laica». El Estado no debía proporcionar enseñanza religiosa a los alumnos. Se acusaba a la Comisión de seguir permitiendo el poder casi omnímodo de la Iglesia. Se avisaba que los diputados constituyentes tendrían como uno de sus primeros objetivos acabar con los denominados privilegios eclesiásticos. Para completar su crítica hacia el tratamiento de la educación, los socialistas acusaban a la Comisión de no definir claramente el paso a la enseñanza superior, que estaba condicionado a «la aptitud y la vocación», viendo en esta ambigüedad un medio para seguir manteniendo esta etapa final educativa reservada para las clases altas.

Los socialistas eran contrarios a que la mayoría de edad para votar se estableciese a los veintitrés años, como planteaba la Comisión. Pretendían que se rebajara a los veintiuno. Si los jóvenes tenían que cumplir obligaciones militares a esa edad, justo era que pudieran votar. No se argumentaba nada para el caso de la mujer, aunque el texto aludía al derecho que tenían para votar, como refleja el propio texto de *El Socialista*.

Los socialistas y el Senado en 1931

En el debate sobre la organización de los poderes en el nuevo régimen republicano en el año 1931 surgió la posibilidad de que se estableciese un Senado[34].

---

34. Podemos consultar el trabajo de Joaquín Varela Suanzes-Carpegna, «La Constitución de 1931 y la organización territorial del Estado», en *Iura Vasconiae*, 10/2013, pps. 323-354. También es recomendable trabajar con el documento de Francisco Astarloa Villena, «El Senado en la Historia constitucional de España», que puede consultarse en la red. La fuente en la que se inspira el capítulo corresponde al número 7044 de *El Socialista*.

La Comisión Jurídica Asesora nombrada por el Gobierno Provisional, a primeros de mayo de 1931, antes de las elecciones a Cortes Constituyentes, con el fin de que elaborase un anteproyecto constitucional, y presidida por Ángel Ossorio y Gallardo, defendió en el mismo la creación de un sistema parlamentario bicameral, con un Senado como segunda cámara.

Según el Anteproyecto, al Congreso le correspondía la representación política, mientras que el Senado representaría los «intereses sociales organizados», una suerte de cámara corporativa. Estaría integrado por representantes de asociaciones patronales, obreras, profesionales y culturales. No tendría una verdadera función política, sino moderadora y reflexiva en la elaboración de las leyes, y estaría supeditado al Congreso que sería quien tendría la última palabra con sus votaciones. Este Senado tampoco podría ser disuelto, y sería renovable por mitad cada cuatro años. Estaría compuesto por 250 senadores: 50 elegidos sobre la estructura territorial de municipios, provincias y regiones, 50 representarían a la patronal, 50 senadores saldrían de las organizaciones obreras de los tres sectores productivos, 50 senadores representarían los intereses profesionales, y, por fin, los 50 últimos representarían a las Universidades, instituciones culturales y a las confesiones religiosas. Se dejaba a una ley posterior el establecimiento del sistema electoral del Senado. En todo caso, algunos miembros de la Comisión emitieron un voto contrario a la existencia del Senado, lo que demuestra el debate existente también en este organismo muy moderado.

Como es sabido, al final ni el proyecto constitucional ni la propia Constitución de 1931 establecieron un sistema bicameral, aunque el proyecto de reforma constitucional del bienio radical–cedista contempló su restablecimiento.

Pues bien, en el número del 6 de septiembre de 1931 se publicó en *El Socialista* un artículo con un significativo título: «No hace falta el Senado».

El artículo comenzaba con una crítica hacia algunos sectores del republicanismo español que abogaban por el establecimiento de un sistema bicameral para el poder legislativo en la República. El Senado estaba fuera de lugar para el nuevo régimen en opinión del periódico socialista, dado su carácter avanzado. La Cámara alta era una institución que representaba los privilegios tradicionales de otra época, y donde se sentaba la nobleza, el gran capital, el alto clero, los militares de alta graduación, personajes de la familia real, y los senadores elegidos debían demostrar contar con un determinado nivel de renta en una implícita alusión al Senado de la Restauración.

Para la publicación era normal la existencia de esta cámara alta en una Monarquía, pero no en un régimen plenamente democrático donde no existía una institución basada en el privilegio. Los socialistas pensaban que parte del descrédito que tenían los sistemas parlamentarios en el mundo se debía a la existencia de este tipo de cámaras. Esta alusión a la crisis del parlamentarismo nos parece interesante porque es evidente que en el período de entreguerras el sistema liberal–democrático padeció una fuerte crisis, atacado desde los totalitarismos, a pesar de su resistencia y fortaleza en algunos países como el Reino Unido y Francia, y de que España adoptara uno avanzado justo cuando caía el alemán.

En este sentido, conviene recordar el significado del Senado en la España liberal. El liberalismo doctrinario o moderado consiguió imponer esta condición bicameral al liberalismo progresista. El liberalismo más conservador planteaba la necesidad de una cámara alta que controlase a la baja y de equilibrio entre esta, es decir, el Congreso de los Diputados, y la Corona. El Senado de 1837 estaba compuesto por un número fijo de senadores nombrados por el rey a propuesta de los electores que en cada provincia nombraban a los diputados. Era una cámara indisoluble, con un sistema de renovación de sus miembros. Tenía las mismas facultades que el Congreso, es decir, que todo proyecto de ley debía ser aprobado por ambas cámaras para poder ser presentado para sanción regia. Así pues, el Senado tenía capacidad de veto sobre la cámara baja que, aunque elegida por sufragio censitario, era más representativa. Solamente en materia financiera el Senado tenía una función secundaria, de revisión. El modelo senatorial del liberalismo moderado fue contestado en el Sexenio Democrático, ya que, aunque se mantuvo el bicameralismo en la Constitución de 1869, se desterró el principio de designación regia, convirtiéndolo en electivo. Pero esta alternativa democrática se truncó con la Restauración borbónica, que retomó en gran medida el modelo anterior conservador. El Senado diseñado en la Constitución de 1876 establecía senadores por derecho propio, senadores vitalicios nombrados por la Corona y, por fin, senadores elegidos por las corporaciones del Estado y mayores contribuyentes. Todos pertenecerían, pues, a la oligarquía que sostuvo el sistema político de la Restauración: miembros de la familia real, nobleza, altos mandos militares, dignidades de la Iglesia, altos funcionarios del Estado, miembros de Academias, etc. Por su parte, el Senado estaba equiparado en facultades al Congreso de los Diputados.

Era evidente que los socialistas no podían estar de acuerdo con este modelo bicameral, pero tampoco lo estarían con un modelo nuevo de Senado, como defendían sus partidarios. El Senado parecía como una institución inútil desde la perspectiva del diario. Si lo que se quería era establecer un sistema parlamentario que realmente representase al pueblo la cuestión quedaría reducida a dividir en dos la Cámara popular, pero eso era muy poco operativo, tanto si estaban de acuerdo como si no. Llama la atención al final del análisis la alusión al discurso parlamentario de Ortega y Gasset de aquellos días en el que tampoco era partidario del Senado, ni tan siquiera del establecimiento de uno de tipo corporativo.

El legado de la Constitución de 1931

Uno de los hechos más importantes en la memoria democrática de este país es, sin lugar a dudas, la Constitución de 1931 porque abrió un mundo nuevo a los españoles y españolas en una gran cantidad de cuestiones, y porque estuvo en la vanguardia del diseño de una moderna democracia en un contexto internacional donde la espiral totalitaria se iba haciendo cada vez más fuerte[35].

En primer lugar, la Constitución de 1931 proclamó una intensa y extensa declaración de derechos, comenzando por la más amplia definición de la igualdad que se había hecho hasta entonces en un texto constitucional español, siguiendo por el reconocimiento y garantía de las libertades clásicas y con muy pocas restricciones. El reconocimiento del derecho al voto de las mujeres, después de una intensa polémica y de un fuerte debate, es otra de las conquistas de esta Constitución, y donde Clara Campoamor tuvo que empeñarse[36].

En segundo lugar, son fundamentales, siguiendo el ejemplo mexicano de 1917 y alemán de Weimar de 1919, el reconocimiento y garantía de los derechos sociales, definidos en el Capítulo II del Título III, y que plantean el primer diseño de un Estado del Bienestar. Aunque se reconocía el derecho a la propiedad, esta se ponía al servicio de los intereses generales. La educación y la cultura aparecían, además, en este diseño como prioridades del nuevo Estado. Solamente la Constitución de 1812 se había preocupado de incluir la educación como un derecho.

En tercer lugar, la Constitución de 1931 proclamó la clara separación entre la Iglesia y el Estado. España no era un Estado confesional y no podía tolerar privilegio alguno a ninguna confesión por mucha

---

35. Podemos acudir a la monografía de Santos Juliá, *La Constitución de 1931*, Madrid, Iustel, 2009.

36. Ver: García Méndez, Esperanza García Méndez, *La actuación de la mujer en las Cortes de la II República*, Madrid, Almena, 1979 y Amelia Valcárcel, *El debate sobre el voto femenino en la Constitución de 1931*, Madrid, Congreso de los Diputados, 2002.

trascendencia social e histórica que tuviera. La religión quedaba en el ámbito particular.

En cuarto lugar, la Constitución de la República optó por intentar dar una respuesta a la diversidad de España, rompiendo con el secular centralismo y la visión monolítica de lo que era el país, aspectos firmemente anclados en el Estado liberal heredado, aunque sin llegar a la solución federal de la Primera República, y siendo muy categórica contra todo tipo de secesionismo.

En quinto lugar, España comprometía su política internacional a favor de la paz, dentro de los principios de la Sociedad de Naciones, vinculándose al derecho internacional.

Hay muchos más aspectos a considerar, pero creemos que estos cinco grandes ámbitos: derechos y libertades, Estado del Bienestar, separación entre la Iglesia y el Estado, organización territorial y compromiso por la paz merecen ser estudiados e invitan a reflexionar sobre lo que se intentó hacer.

Una república democrática de trabajadores

En 1931 España quedó definida en el artículo primero de la Constitución como: «… una República democrática de trabajadores de toda clase, que se organiza en régimen de Libertad y de Justicia».

En este capítulo estudiamos la defensa que de la definición de «República democrática de trabajadores» realizó Luis Araquistáin en el debate constitucional[37]. El discurso fue un análisis sobre el trabajo y el trabajador, y su vinculación con España.

---

37. Hemos trabajado con el número 7053 de *El Socialista*. El texto completo se puede consultar en el número 7054. Sobre Araquistáin recomendamos el estudio preliminar que Ángeles Barrio Alonso realizó en la edición facsímil de la *Polémica de la Guerra* de nuestro protagonista, y que la Fundación Francisco Largo Caballero publicó en el año 2008.

En el Congreso se puso a discusión el voto particular de los socialistas en la Comisión, en los términos siguientes: «España es una República democrática de trabajadores. Los Poderes de sus órganos emanan del pueblo».

Araquistáin defendió la presentación, de nuevo, del voto que no había sido aprobado en la Comisión, no como un prurito de partido, afirmó, ni con el propósito de inscribir en la Constitución una alusión en relación con la lucha de clases. El concepto de trabajador que querían darle los socialistas en este artículo primero era el de toda persona que desempeñase una función «que interese espiritual o materialmente a la sociedad». También sería trabajador quien ejerciese una profesión intelectual, quien prestase un servicio útil. Y hasta el propietario lo sería, dejando de lado los beneficios que pudiera recibir de la función social que realizara. Solamente quedarían fuera, siempre según el intelectual y político socialista, aquellos que fueran vagos u ociosos. Eso no era obstáculo para que Araquistain recordase que para los socialistas el concepto de trabajador no era tan amplio. No se renunciaba, en realidad, a la lucha de clases, pero no se quería imponer ese concepto en el texto constitucional.

Después quiso dejar claro que la dictadura del proletariado era un fenómeno ruso, algo que no tenía razón de ser en todos los países. Para terminar con la propiedad no había que eliminar las clases vencidas, sino integrarlas en una sociedad basada en el principio de igualdad. El orador socialista parecía querer aquietar temores.

Y en esa línea defendió que no se pretendía hacer una Constitución socialista, porque, aunque alcanzando el poder, con su poder transformador, los socialistas españoles sabían los límites que había que tener.

Se quería traer a España un «postulado de trabajo» anterior a Marx, por lo que no sería exclusivamente socialista. Citó a Ortega y Gasset cuando había hablado de que España debía ser un pueblo de trabajadores.

El ponente del voto explicó que era cierto que el principio de los trabajadores aparecía en la Constitución soviética, pero también en otra del extremo político contrario, en la italiana. Y eso ocurría porque el trabajo se había convertido en un precepto obligatorio en el siglo xx. Bien cierto era que no bastaba con que se recogiese en la Constitución para que todos los españoles se convirtiesen en trabajadores, pero su inclusión era original en el sentido de iniciar una nueva etapa en la Historia de España.

Araquistáin terminó para justificar el voto socialista realizando un estudio del Estado y de la relación con el individuo hasta llegar a la valoración del trabajo en España. Ya se había terminado la época de los siervos en el Estado feudal, para pasar a la de ciudadanos del Estado «guardián de su libertad, la igualdad, de la fraternidad y de la dignidad ciudadanas», es decir, se estaría refiriendo al Estado de Derecho, al que debía garantizar los derechos. Araquistáin intentó en su razonamiento vincular este nuevo concepto de Estado con la idea de que España se definiese como una república de trabajadores, como un conjunto de hombres «asociados por normas de trabajo». Era una forma de romper definitivamente con el «pasado feudal» de España, vinculado a la concepción servil del trabajo, causa de su decadencia. Un estigma que permanecía en la burguesía española.

Los derechos sociales

Para entender la importancia histórica sobre el reconocimiento de derechos sociales con el fin de emprender la construcción de un primer Estado del bienestar en España a partir de la Constitución de la Segunda República debemos comenzar por estudiar el proceso histórico por el que se pasó del Estado liberal clásico a una nueva forma de entender la relación del Estado con la economía y la sociedad.

El Estado liberal nació sobre la base del reconocimiento y garantía de los derechos individuales, en los procesos revolucionarios liberal-burgueses que tuvieron lugar desde el último tercio del siglo XVIII y culminaron en 1848, aunque hubiera que esperar unos decenios para que, además de ser liberal, fuera también un Estado democrático. En el período de entreguerras comenzaron a surgir, desde distintos ámbitos políticos e ideológicos, planteamientos que insistían en la necesidad de que el Estado debía emprender políticas de intervención en materia socioeconómica, aunque la intervención económica ya había sido practicada, con otros fines, en la Primera Guerra Mundial, y antes, especialmente en los Estados que habían potenciado el proteccionismo a raíz de la gran crisis de 1873.

El keynesianismo, el socialismo democrático y la doctrina social de la Iglesia Católica estaban cuestionando la interesada neutralidad del Estado liberal, incapaz de hacer frente a la crisis económica y sus brutales consecuencias sociales. En el mundo democrático fueron muy importantes dos constituciones europeas pioneras en la idea de la responsabilidad del Estado en la creación de sociedades más justas y cohesionadas: la Constitución alemana de Weimar y la de la Segunda República española de 1931. En los ámbitos del totalitarismo, la URSS había conseguido, a través de la planificación económica, ofrecer un mínimo de bienestar a sus habitantes, al margen de las purgas y depuraciones. Por su parte, el nazismo y el fascismo abogaban por la intervención del Estado, sin atacar a la propiedad privada, pero como un medio para desplazar la fuerza de la izquierda, y plantearon leyes de contenido social, aunque sus regímenes se sustentasen en la desigualdad de todo tipo, el terror y la represión brutal de los contrincantes políticos o de las minorías.

La OIT define la Seguridad Social como «la protección que la sociedad proporciona a sus miembros, mediante una serie de medidas públicas, contra las privaciones económicas y sociales que, de no ser así, ocasionarían la desaparición o una fuerte reducción de los ingresos por causa de enfermedad, maternidad, accidente de trabajo, o enfermedad laboral, desempleo, invalidez, vejez y muerte; y también la protección en forma de asistencia y de ayuda a las familias con hijos».

Entre finales del siglo XIX y la Segunda Guerra Mundial se dio la primera etapa de la historia de la Seguridad Social, aunque en algunos países occidentales el límite temporal final se dilató unos decenios más. Esta fase se caracterizaría por el reconocimiento y garantía, por parte de los Estados, de una serie de derechos sociales dedicados a afrontar los riesgos de carácter biológico, como serían los de la edad, enfermedad y muerte, así como los provocados por el ejercicio laboral, es decir, la invalidez, los accidentes laborales y el paro. Todas estas contingencias amenazarían al trabajador con la pérdida de su trabajo y, por lo tanto, de su salario. Los seguros sociales serían independientes, ya que, cada uno atendería un riesgo específico, con formas autónomas de administración de las prestaciones correspondientes.

En el reinado de Alfonso XIII, en el caso español, comenzaron a establecerse medidas e instituciones encaminadas a la atención social, y que tuvieron larga vida, pero el primer sistema político español que consideró que había que reconocer y garantizar derechos sociales fue la Segunda República. Efectivamente, la Constitución de 1931 reconoció un amplio abanico de derechos sociales. En el artículo 43, dentro del capítulo de «Familia, economía y cultura», se establecía que el Estado «prestará asistencia a los enfermos y ancianos, y protección a la maternidad y a la infancia, haciendo suya la «Declaración de Ginebra» o tabla de los derechos del niño». El artículo 46 decía: «La República asegurará a todo trabajador las condiciones necesarias de una existencia digna. Su legislación social regulará: los casos de seguro de enfermedad, accidente, paro forzoso, vejez, invalidez y muerte; el trabajo de las mujeres y de los jóvenes y especialmente la protección de la maternidad...». Estos dos artículos son claves, por tanto, en la Historia del constitucionalismo español.

La organización territorial en la Constitución de 1931

La Segunda República, a través de la Constitución de 1931, articuló un tipo de Estado nuevo en relación con los dos modelos anteriores. Se abandonó el centralismo del Estado liberal, consagrado en todas las Constituciones desde la gaditana hasta la de la Restauración de 1876. Pero no se optó por la solución federal del Proyecto Constitucional de 1873 de la Primera República. Podría decirse que se aprobó una especie de tercera vía: la del Estado Integral. En este sentido conviene que tengamos en cuenta la heterogeneidad de las fuerzas políticas que habían contribuido a la llegada de la República, donde se mezclaban planteamientos plenamente centralistas con otros más descentralizadores y hasta federalistas junto con la presencia del nacionalismo catalán.

El Estado español de la República debía organizarse partiendo de los municipios que se mancomunaban en provincias, que podían organizarse en regiones autónomas. La Constitución de 1931 negaba la posibilidad de cesiones territoriales o de autodeterminaciones.

En el plano municipal se rompió claramente con toda la compleja legislación liberal previa y se zanjó la intensa polémica entre las dos familias liberales sobre la forma de elección de los ediles. Las corporaciones municipales serían elegidas por sufragio universal directo entre los vecinos de cada localidad, salvo en los casos de concejos abiertos. Por encima, estarían, como hemos visto, las provincias. Una ley debía determinar el órgano gestor de las mismas. En las Canarias se reconocía la existencia del cabildo insular, cuyas funciones serían las mismas que las que establecería la legislación para las provincias. Se permitía que las Baleares optasen por un régimen idéntico.

El nuevo modelo de organización territorial establecía la posibilidad de la existencia de regiones autónomas. La región autónoma podría nacer cuando varias provincias limítrofes acordasen crearla. Tendrían derecho a un Estatuto, con un gobierno y un parlamento propios. Para la aprobación del Estatuto eran necesarias tres condiciones. En primer lugar, debía ser propuesto por la mayoría de los ayuntamientos o de aquellos que comprendiesen las dos terceras partes del censo electoral de la región. En segundo lugar, debía ser aprobado en referéndum, cuyo resultado positivo tendría que contar, al menos, con el respaldo de las dos terceras partes de los electores del censo electoral de la región. Si fuera negativo o no se alcanzara esa mayoría, no se podría volver a presentar la propuesta de autonomía hasta pasados cinco años. Y, en tercer lugar, debía ser aprobado por las Cortes de la República. El Congreso podría modificar, eliminar o enmendar los artículos que estimase oportuno si entraban en colisión con la Constitución o las Leyes orgánicas. Cualquier provincia de una región autónoma o parte de ella podía renunciar a su régimen y volver a ser provincia administrada por el Estado. Esta decisión debía estar respaldada por la mayoría de los municipios.

La Federación de regiones autónomas quedaba prohibida.

Una de las cuestiones más complejas y debatidas fue la de las competencias que el Estado podía transferir. Se optó por una solución muy cauta, ya que se establecieron tres categorías de competencias.

El Estado se reservaba todo lo relacionado con la cuestión de la nacionalidad, la regulación de los derechos y deberes constitucionales, las relaciones con las confesiones religiosas, la defensa y la política exterior, la seguridad pública cuando afectaba a todo el país, el comercio exterior y las aduanas, la moneda, la ordenación bancaria, la política hacendística general y las telecomunicaciones.

En segundo lugar, estarían las competencias estatales que podían gestionar y controlar las autonomías, aunque la legislación debía partir de las Cortes: legislación penal, social, mercantil y procesal, la protección de la propiedad intelectual e industrial, seguros, pesas y medidas, administración del agua, caza y pesca fluvial, la prensa y la radio, y la cuestión de la socialización de la propiedad.

Por último, las competencias propias o específicas de las regiones autónomas serían todas las que no estaban señaladas entre las anteriores.

En el caso de conflicto de competencias entre la administración central del Estado y las administraciones de las regiones autónomas, el Tribunal de Garantías Constitucionales debía emitir un dictamen para que las Cortes decidieran.

Estaba claro que, aunque se había avanzado en el proceso de descentralización frente al modelo centralista tradicional español, las competencias de las autonomías eran muy limitadas y las Cortes podían rebajar mucho los estatutos.

Durante el Bienio Reformista solamente se aprobó el Estatuto de Cataluña. La redacción de dicho Estatuto estuvo protagonizada por Esquerra Republicana. Pero las Cortes recortaron sustancialmente lo aprobado por los catalanes, aunque, al final lo aceptaron, ya que era un avance en el autogobierno, a pesar de que para los nacionalistas catalanes era insuficiente. Por otro lado, aunque lo estipulado por la Constitución era muy limitado y las Cortes se encargaron de rebajar el Estatuto catalán, no se eliminaron los recelos del ejército, siempre crítico y contrario a cualquier solución que supusiese romper con el modelo tradicional del Estado español. El Estatuto creaba un gobierno autónomo, la Generalitat, compuesto por tres órganos: parlamento, consejo ejecutivo (gobierno) y un presidente.

En las primeras elecciones autonómicas ganó Esquerra Republicana, que llevó a Macià a la presidencia y a Companys a presidir el Parlament.

En relación con el País Vasco, el PNV y los carlistas elaboraron un proyecto tradicionalista y poco democrático de Estatuto, que fue rechazado por la mayoría de izquierdas del parlamento. El País Vasco no tendría autonomía hasta la guerra civil.

La autonomía catalana

Después del acuerdo entre Macià y el Gobierno provisional de la República que sustituyó la República Catalana por una Generalitat provisional el 17 de abril de 1931, esta se encargó de elaborar un anteproyecto de Estatuto de autonomía que debía ser consultado en plebiscito por Cataluña y ratificado, posteriormente, por las Cortes. La Generalitat designó una diputación que estableció una ponencia redactora presidida por Jaume Carner. El 20 de junio de 1931 se presentó el anteproyecto con el nombre de *Estatut de Núria,* lugar donde había sido redactado. Fue votado en referéndum el día 2 de agosto con una participación del 75 % del censo electoral, y con el 99 % de votos afirmativos. Las mujeres, aún privadas del derecho al voto, presentaron 400 000 firmas de adhesión al *Estatut.* El 18 de agosto de 1931 el presidente Niceto Alcalá Zamora lo presentó en las Cortes para su discusión.

El *Estatut* era una especie de desiderátum federalista, previendo un Gobierno común para los *Països Catalans,* que no fue recogido por la Constitución de 1931, que definía a España como un Estado integral. Reivindicaba la lengua catalana como la única oficial en Cataluña y todos los niveles educativos debían ser competencia exclusiva de la Generalitat. También debía cambiar el régimen municipal, la división territorial, el derecho civil y el orden público, pasando a depender de la Generalitat, que contaría con los recursos de las antiguas diputaciones provinciales.

En las Cortes se abrió el debate sobre el *Estatut* el 6 de mayo de 1932, pero las Cortes no consideraban que hubiera que ratificarlo, a partir del contenido de la Constitución aprobada en diciembre de 1931. Las Cortes establecieron que no era más que un anteproyecto modificable en muchos aspectos. El *Estatut de Núria* tocaba aspectos fundamentales de la concepción unitaria o «integral» del Estado español, provocando un intenso debate y una evidente crispación política.

Los parlamentarios catalanes realizaron una enérgica defensa del *Estatut,* especialmente Companys y Campalans. En este debate se destacó, sin lugar a dudas, el propio Azaña que, a pesar de no ser un político decididamente autonomista, defendió que la autonomía de Cataluña era un derecho inalienable del pueblo catalán. Al final, las Cortes aprobaron el *Estatut de Catalunya* el 9 de septiembre de 1932. No cabe duda que pesó mucho en esta aprobación el peligro que había supuesto la Sanjurjada en agosto de ese mismo año.

El *Estatut* definía a Catalunya como una región autónoma dentro del Estado español, aspecto que suponía una clara rebaja de lo definido en el *Estatut de Núria,* adecuando el texto a lo que establecía la Constitución de 1931 en esta materia. Implantaba el bilingüismo, reducía la competencia legislativa catalana, preveía la designación de delegados para supervisar los actos ejecutivos de la Generalitat, sustraía a la misma la competencia exclusiva en la enseñanza, creaba una junta de seguridad mixta para el orden público, que podía ser mantenido por intervención del poder central sin requerimiento ni participación de la Generalitat, y suprimía el Tribunal Paritario para dirimir los conflictos entre la Generalitat y el poder central, ya que estos problemas serían competencia del Tribunal de Garantías Constitucionales.

A pesar de la evidente decepción por estos recortes, el *Estatut* se convirtió en algo histórico, ya que supuso para los catalanes la creación de órganos de gobierno y con capacidad legislativa, aunque limitada. El siguiente problema fue el de la lentitud de los traspasos, ya que en 1938 aún quedaban servicios por traspasar. Pero más importantes fueron los conflictos sobre los bienes y derechos que el Estado cedía a Generalitat. Se creó una Comisión Mixta del Estatuto para ejecutar los traspasos y hacer las valoraciones pertinentes.

Uno de los grandes conflictos llegó con la declaración de inconstitucionalidad de la Ley de Contratos de Cultivo en junio de 1934. Las relaciones entre los dos poderes se tensaron de forma evidente.

Después de los hechos del Seis de Octubre de 1934, el *Estatut* fue suspendido parcialmente y no fue restaurado completamente hasta la victoria del Frente Popular en febrero de 1936. Se puede decir que durante la guerra civil se dio un período de máxima asunción de competencias estatutarias por parte de la Generalitat, al menos entre 1936 y 1937, pero la autonomía catalana comenzó su final cuando el ejército franquista entró en territorio catalán. Una Ley de 5 de abril de 1938 abolía el *Estatut* y todos los signos de autonomía. Dicha Ley se completó cuando toda Cataluña fue ocupada en febrero de 1939.

El pacifismo en la Constitución de 1931 en la visión de Indalecio Prieto

El domingo 6 de diciembre de 1931 por la mañana se celebró un gran mitin en el Teatro María Guerrero de Madrid, organizado por el Grupo parlamentario socialista para dar cuenta de su labor en las Cortes Constituyentes[38]. En dicho acto actuaron Indalecio Prieto, Manuel Cordero, Luis Jiménez de Asúa, José Sanchís Banús y Rodolfo Llopis. Nos interesa la visión que realizó Prieto sobre la misión de España en relación con el pacifismo.

Debemos enmarcar las ideas del líder socialista en los aspectos internacionales que se aprobaron en la Constitución de 1931. En el Título Preliminar de Disposiciones Generales dos artículos consagraban para España una vocación pacifista y colaboradora en el ámbito internacional. Por el artículo sexto, España renunciaba a la guerra, mientras que el artículo séptimo estipulaba que España acataría las normas universales del Derecho Internacional, incorporándolas a su derecho positivo.

---

38.   Hemos consultado el número 7123 de *El Socialista*.

Pues bien, Prieto en su discurso realizó una curiosa comparación entre España y Rusia cuando explicó que si la primera instaurara un régimen que las democracias europeas consideraran peligroso no ocurriría como el caso segundo, porque si Rusia se había podido defender formando un ejército formidable, «dotado del más maravilloso armamento», España no podía hacer lo mismo, por lo que había que aspirar al pacifismo, basado en la realidad. España se encontraba en una posición geográfica estratégica, pero era una «nación modesta», que nunca podría formar unas fuerzas armadas capaces de defenderse frente a la acometida de potencias extranjeras que pudieran intervenir —suposición curiosa— en el caso de que se produjeran disturbios interiores de «carácter anárquico».

Por otro lado, el político socialista afirmaba que el pacifismo había ganado en la conciencia universal. En este sentido, no debemos olvidar que esta afirmación muy pronto se vería anulada con la llegada del nazismo. En este contexto, el nuevo régimen español podría ofrecer al mundo una clara defensa del pacifismo, el ejemplo de una nación que renunciaba a defenderse militarmente, como vemos en el artículo sexto del texto constitucional. Y lo hacía, siempre realista o pragmático, por el elevado coste económico de poner en marcha un poderoso ejército, algo completamente inasumible para el país.

En todo caso, también había algo de idealismo en las palabras de Prieto, y no solo por aquella alusión al pacifismo en la conciencia universal, sino también porque defendió la influencia socialista en esta idea del pacifismo, un principio siempre defendido por el PSOE. En un futuro, el Partido Socialista y la UGT podrían conseguir inculcar en la conciencia nacional la obligación, la necesidad y la conveniencia de presentar a España en el mundo como una nación eminentemente pacifista que despreciaba el uso de la fuerza militar. Pero era una tarea que le costaría bastante sacar adelante al socialismo español. No podía realizarse a corto plazo, y no se conseguiría hasta que no se hiciera con la conciencia nacional. Prieto aconsejaba a todos los socialistas que fueran prudentes a la hora de emprender avances en el pacifismo si no se había conseguido antes contar con amplios apoyos en la opinión pública, traducidos en votos. Podríamos interpretar este nuevo ejercicio pragmático del político en la experiencia acumulada en este terreno por los socialistas españoles, empeñados en el pasado contra las guerras coloniales y la de Marruecos, por la constatación de la fuerza que el patriotismo había tenido sobre amplias capas de la población, como también se había comprobado en el estallido de la Gran Guerra en Europa, un patriotismo belicista que solamente terminaba por abandonarse cuando se comenzaban a padecer sus terribles consecuencias.

El derecho a sindicarse de los funcionarios en el debate constitucional de la República

El artículo 41 de la Constitución de 1931 se refería a los funcionarios públicos:

> «Los nombramientos, excedencias y jubilaciones de los funcionarios públicos se harán conforme a las leyes. Su inamovilidad se garantiza por la Constitución. La separación del servicio, las suspensiones y los traslados solo tendrán lugar por causas justificadas previstas en la ley.
>
> No se podrá molestar ni perseguir a ningún funcionario público por sus opiniones políticas, sociales o religiosas.
>
> Si el funcionario público, en el ejercicio de su cargo, infringe sus deberes con perjuicio de tercero, el Estado o la Corporación a quien sirva serán subsidiariamente responsables de los daños y perjuicios consiguientes, conforme determine la ley.
>
> Los funcionarios civiles podrán constituir Asociaciones profesionales que no impliquen injerencia en el servicio público que les estuviere encomendado.
>
> Las Asociaciones profesionales de funcionarios se regularán por una ley. Estas Asociaciones podrán recurrir ante los Tribunales contra los acuerdos de la superioridad que vulneren los derechos de los funcionarios».

Pues bien, en relación con la sindicación de los servidores públicos se generó un debate en las Cortes comenzando en el mes de octubre, cuya historia relatamos en el presente trabajo[39].

Al parecer, el texto del dictamen de la Comisión, como luego se vería en el artículo aprobado, hablaba del derecho a constituir asociaciones profesionales por parte de los funcionarios. Pero el diputado radical–socialista Juan Botella Asensi consiguió que se aprobara un voto particular sobre el derecho a la sindicación de los funcionarios. En contra de esta inclusión se significaron los radicales. En ese sentido, Fernando Rey Mora combatió el reconocimiento de este derecho porque las huelgas de funcionarios suponían, en su opinión, un grave peligro para el Estado. Botella respondió al diputado que la Constitución no podría evitar una huelga de funcionarios. En su intervención recordó la huelga de carteros de 1918 en España, y del mismo cuerpo en Francia al año siguiente. Era un derecho de los funcionarios que no se podía negar. El radical Rafael Guerra del Río hizo una significativa exclamación al respecto al dar vivas a las juntas de defensa desde su escaño, en alusión a estas asociaciones militares que tanta polémica generaron en relación con la grave crisis de 1917. El mismo diputado afirmó ante la Cámara que los radicales votarían en contra del derecho de sindicación funcionarial.

Gabriel Franco, en nombre de Acción Republicana, defendió la postura radical, al insistir en la diferencia entre un trabajador y un funcionario, provocando que el socialista Wenceslao Carrillo le contestara que decía lo mismo que Eduardo Aunós en el Gobierno de la Dictadura de Primo de Rivera. Franco siguió argumentando su negativa a la sindicación aludiendo a la legislación internacional, pero, sobre todo, a que si se reconocía ese derecho se entregaría los servicios públicos a los sindicatos, generándose continuos litigios. El diputado socialista Manuel Cordero señaló que eso era imposible.

---

39. Hemos trabajado con el número 7067 de *El Socialista.*

La postura del grupo parlamentario socialista fue defendida por Romualdo Rodríguez de Vera, y era, lógicamente, favorable al derecho. En primer lugar, explicó que si se votaba lo defendido por los radicales se quitaría, en realidad, el derecho de asociación a los funcionarios. El problema residía en el supuesto miedo que se tenía a los sindicatos, pero eran organizaciones reales, como lo era el de la propia sindicación de los funcionarios. Así pues, parecía más conveniente que las Cortes reconocieran esta realidad, y de esa forma, los sindicatos colaborarían con la Administración. Pero los socialistas ofrecían más argumentos y de tipo estrictamente laboral. Para ellos, las bases de una oposición constituían un indiscutible contrato de trabajo. El último argumento tenía que ver con la precaria situación económica de los funcionarios de los cuerpos «inferiores».

También intervino el destacado socialista Trifón Gómez[40], miembro de la Comisión, aclarando algunas cuestiones, como que no había peligro que la Guardia Civil se organizase porque en el proyecto se establecía la distinción, pero, sobre todo, interesa su interpretación sobre el sindicalismo, especialmente en relación con el anarcosindicalismo. Gómez explicaba que estaba muy extendida la idea de que el sindicalismo era sinónimo de anarquismo, pero opinaba que para que la CNT pudiera organizar bien sus sindicatos tendría que expulsar de su seno a los anarquistas.

Por otro lado, avisaba de que si no se reconocía el derecho de sindicación se podrían generar agravios porque sí podían sindicarse los funcionarios de Teléfonos y de otros servicios. Hizo hincapié en el caso de los afiliados al Sindicato de Ferroviarios, que conocía bien por ser uno de ellos. Los ferroviarios querían la nacionalización de los ferrocarriles. Si los sindicalistas veían que no podrían seguir perteneciendo a la organización obrera se pondrían de parte de las empresas privadas.

---

40. Sobre Trifón Gómez San José podemos acudir al *Diccionario Biográfico del Socialismo Español*.

Este argumento también cabe interpretarlo en clave de movimiento obrero.

Trifón Gómez hablaba de un derecho regulado por la ley, pero era contrario a que los límites de la misma fuesen tan estrechos, como interpretaba el derecho de las asociaciones profesionales, porque los funcionarios serían los que intentarían romper dichos límites.

Hubo más intervenciones, destacando la del propio Manuel Azaña. Por un lado, dijo que una huelga cualquiera solía perturbar más que un conflicto de funcionarios. Pero estos se encontraban bajo la dirección del Estado, por lo que su situación era distinta a la de los obreros. El Estado no podía ser patrono porque no podría ceder en una negociación, ya que si lo hacía también cedía el Parlamento. Aunque expresó a los diputados que votaran lo que quisieran, en realidad estaba en contra de la sindicación, ya que terminó su intervención afirmando que si salía la redacción con dicho derecho de sindicación se entraba en una contradicción, porque, por un lado, se afirmaba la soberanía del Estado y por otro se la sometía a un poder extraño.

Al final, como es sabido, dicho derecho no se reconoció, y salió adelante el dictamen originario gracias a los votos de Acción Republicana, los radicales, los progresistas, los federales, los agrarios y los vascos, es decir, las fuerzas más moderadas del republicanismo y la derecha. Los socialistas, radical-socialistas y los catalanes votaron en contra.

Los socialistas y los títulos nobiliarios en la Segunda República

Los títulos nobiliarios fueron abolidos por la Constitución de 1931. En su artículo 25, dentro del Capítulo Primero de Garantías individuales y políticas del Título III, referido a Derechos y deberes de los españoles, se establecía que no podrían ser fundamentos de privilegio jurídico: la naturaleza, la filiación, el sexo, la clase social, la riqueza, las ideas políticas ni las creencias religiosas, por lo que, a continuación, se decía que el Estado no reconocía distinciones ni títulos nobiliarios. Pero antes, el Gobierno Provisional decretó que no se reconocerían los títulos nobiliarios, y no se podrían utilizar en documentos públicos[41].

Los socialistas comentaron este decreto en su órgano oficial, es decir, en *El Socialista* (3 de junio de 1931). El PSOE enmarcaba esta disposición dentro del objetivo general de democratizar el país. En este sentido, se seguía la política emprendida en otros Estados, como el alemán (República de Weimar), buscando nivelar las jerarquías sociales. Aunque este decreto pudiera parecer algo secundario, los socialistas pensaban que poseía una gran carga moral. Acabar con los títulos era terminar también con los «lacayos y con las libreas». Un criado era menos criado en casa de un rico que en la de un noble, aunque fuera pobre. Y eso era así, siempre, según el artículo de opinión, porque los títulos habían creado una especie de «superpersonaje» ante el cual la gente temblaba. Los títulos eran el penúltimo vestigio del feudalismo porque el último era la tierra, aunque también desaparecería. Cuando a la nobleza se le quitasen sus cotos de caza y sus títulos, como lo que se estaba haciendo en ese momento, desaparecería una «institución milenaria».

En un régimen republicano los títulos nobiliarios suponían una ofensa porque eran un resto monárquico, un anacronismo.

El artículo aludía ácidamente a los títulos concedidos recientemente por Alfonso XIII por considerarlos un verdadero chiste. Así era calificado el título de duque concedido a Gabriel Maura, hijo de Antonio Maura, y que se habría dado supuestamente para halagarle. También se aludía al título concedido a Berenguer. El rey creía que dando títulos conservaría partidarios, es decir, fidelidad y apoyos a cambio de prebendas. Ahora los nobles comprenderían que España era una República.

---

41. Al respecto, nos parece muy recomendable la consulta del trabajo de Miguel Artola Blanco, «Los años sin rey. Imaginarios aristocráticos durante la Segunda República y el primer franquismo (1931-1950)», en *Historia y Política. Ideas, procesos y movimientos sociales* (2016).

Sobre el juramento real y la promesa republicana

Al parecer, la promesa como presidente de la República de Alcalá-Zamora ocasionó una breve polémica.

El Socialista valoraba la elección del político republicano como un ejercicio de afianzamiento del régimen republicano justo inmediatamente de la aprobación de la Constitución tanto frente al «extremismo negro» como frente al «extremismo rojo»[42].

Pero veían que los adversarios del cambio político buscaban una especie de consuelo adoptando una postura de desdén hacia todo lo que se estaba haciendo, llegando a ridiculizar el acto de promesa del presidente en el Congreso. En este sentido, aludían a lo que había expresado *El Debate* porque en la fórmula protocolaria se había cambiado «Dios» por «la nación». Por eso, en el juramento real se ganaba «categoría de cosa sagrada», por lo que infringirlo era sacrilegio. *El Socialista* contestó preguntándose por qué el periódico católico no se había acordado de eso cuando el rey Alfonso faltó al juramento hecho en nombre de Dios cuando «pisoteó la Constitución», y en cambio siempre le había defendido.

El periódico obrero recordaba que, precisamente por haber faltado a ese compromiso el rey había perdido la confianza, no ya de la nación, sino de gran parte de sus propios partidarios, hasta el punto de que un exministro monárquico era en ese momento presidente de la República.

Así pues, entre el juramento «divino» de un rey y la promesa de un presidente de la República había una diferencia enorme, en opinión socialista, no en cuanto al hecho en sí de la fórmula protocolaria porque podía faltarse de igual modo a un juramento que a una promesa. La diferencia estribaba en que el poder real se asentaba en privilegios mantenidos «coercitivamente» y el poder de un presidente emanaba del pueblo.

---

42. Hemos consultado el número 7129 de diciembre de *El Socialista*.

Además, el periódico socialista consideraba que a un monarca perjuro no era fácil expulsarlo del trono a menos que se hiciera una «obra revolucionaria», pero a un presidente, cuyos poderes procederían directamente de la nación y en nombre de ella, de sus representantes parlamentarios, se le podía exigir el cumplimiento de la promesa de fidelidad.

El Tribunal de Garantías Constitucionales de la República

En el Anteproyecto Constitucional que redactó la Comisión jurídica asesora, dependiente del Ministerio de Justicia por un Decreto del 6 de mayo de 1931, y presidida por Ossorio y Gallardo, se estableció, antes del Proyecto que luego fue elaborado por la Comisión Constitucional presidida por Jiménez de Asúa, la necesidad del control constitucional de las leyes. Se planteó el control concentrado de las leyes que se atribuía a un Tribunal de Justicia Constitucional, bien a instancias de los órganos judiciales, bien mediante la impugnación directa por los sujetos habilitados[43]. El Tribunal, además, se encargaría de velar por la protección de los derechos fundamentales, trataría sobre los conflictos entre el Estado y las autonomías, sería competente para establecer la responsabilidad criminal de los altos cargos del Estado, y la validez de las actas de diputados y senadores (recordemos que en el Anteproyecto se estipuló un sistema legislativo bicameral que, al final, como sabemos, no prosperó).

Pero en el Proyecto Constitucional y luego en la Constitución el órgano de control pasaría a denominarse Tribunal de Garantías Constitucionales, como establecía el artículo 121, teniendo jurisdicción en

---

43. Jorge Urosa Sánchez, et allí, *Tribunal de Garantías Constitucionales de la II República. Colección documental.* Biblioteca Académica, 3. Consejería de Educación. Secretaría General Técnica.

todo el territorio de la República, recogiendo, eso sí, algunos de los aspectos del Anteproyecto.

El Tribunal estaría formado por los siguientes miembros:

* Un presidente designado por el Parlamento, fuera o no diputado.
* El presidente del alto Cuerpo consultivo de la República a que se refería el art. 93 de la Constitución.
* El presidente del Tribunal de Cuentas.
* Dos diputados libremente elegidos por las Cortes.
* Un representante por cada una de las Regiones españolas, elegido en la forma que determinase la ley. Ante la inexistencia de gobiernos autonómicos en las Regiones que no se hubieran configurado como autónomas, se optó por atribuir su elección a los Ayuntamientos.
* Dos miembros nombrados electivamente por todos los Colegios de Abogados.
* Cuatro profesores de la Facultad de Derecho, designados por el mismo procedimiento entre todas las de España.

El Tribunal de Garantías Constitucionales se podría considerar como una especie de segunda cámara porque sus competencias superaban las de un Tribunal Constitucional–tipo. En primer lugar, estaría la función estrictamente de control constitucional de las leyes. Inicialmente, y tal y como se derivaba de la propia Constitución en el artículo 123, el recurso de inconstitucional podía ser presentado por persona individual o colectiva, aunque luego, en la Ley Orgánica que desarrolló el Tribunal se interpretó que correspondería únicamente al titular del derecho que resultase agraviado por la aplicación de la ley (artículo 30.1 de la Ley).

Además, se estipuló el recurso de amparo de garantías individuales, cuando hubiere sido ineficaz la reclamación ante otras autoridades, referido, en la redacción final de la Ley orgánica del Tribunal, a los derechos individuales enumerados en los artículos 27 a 34, 38 y 39 de la Constitución de 1931.

Una tercera cuestión tendería que ver con los conflictos de competencia legislativa y cuantos otros surgiesen entre el Estado y las regiones autónomas y los de estas entre sí.

En cuarto lugar, estaría el examen y aprobación de los poderes de los compromisarios que juntamente con las Cortes elegían al Presidente de la República.

El Tribunal tendría competencias en relación con la responsabilidad criminal del Jefe del Estado, del Presidente del Consejo y de los Ministros, así como sobre la misma responsabilidad del presidente y los magistrados del Tribunal Supremo y del Fiscal de la República.

El desarrollo legislativo del Tribunal tuvo que esperar más de un año, hasta la aprobación de La Ley Orgánica de 14 de junio de 1933, que fue modificada también.

El modelo de control constitucional que triunfó en la República fue, como hemos apuntado, el concentrado, de inspiración austriaca, frente al norteamericano o difuso. El concentrado, y que es el que se desarrolló en el continente europeo, establece el control en el seno de una institución determinada, es decir, un tribunal constitucional, que es el encargado de pronunciarse sobre la constitucionalidad o no de una ley. En el sistema difuso de los Estados Unidos el control lo puede ejercer un juez ordinario, que en un proceso penal puede dictaminar que la norma legal aplicada es inconstitucional.

La primera sede del Tribunal de Garantías estuvo en el Palacio de Parcent en la madrileña calle de San Bernardo, número 62, que hoy alberga dependencias del Ministerio de Justicia. En 1938, en plena guerra, pasó a Valencia. Por el Decreto de 28 de octubre de 1938, en el Gobierno Negrín, la sede del Tribunal pasaría a Barcelona, porque aquella ciudad se convirtió en la capital de la República. El Pleno del Tribunal aprobó el 23 de enero de 1939 trasladarse a Girona ante el avance de las tropas franquistas, pero tal hecho no llegó a tener lugar.

El primer presidente del Tribunal de Garantías Constitucionales sería Álvaro de Albornoz. Fue elegido por las Cortes en una votación del día 3 de julio de 1933. Dimitió el 9 de octubre de 1934, siendo sustituido por votación del 21 de diciembre de 1934 por Fernando Gasset Lacasaña, que dimitió el 27 de agosto de 1936, pasando a ejercer las funciones de tal el vicepresidente Pedro Vargas Guerendiain.

El Tribunal de Garantías Constitucionales generó no pocas polémicas. Debemos entender que, al constituirse como un órgano de defensa de la Constitución, y como esta no fue aceptada por las derechas, se cuestionó como tal y que se empleasen sus resoluciones o sentencias como un elemento para arremeter contra el Gobierno o contra el propio sistema político. También es cierto que, como veremos, otras sentencias fueron empleadas por el nacionalismo catalán para cuestionar la política del Gobierno de centro-derecha.

También hubo polémicas por el asunto de la significación política de sus miembros, como ocurrió con la elección de los representantes de los Colegios de Abogados. En este ámbito venció la candidatura antigubernamental donde se encontraba Calvo Sotelo, a la sazón exiliado por su implicación en la Dictadura de Primo de Rivera.

Seguramente, la sentencia más polémica se produjo cuando el Tribunal declaró inconstitucional de la Ley catalana de Contratos de Cultivo, en 1934. Su aprobación en su día plasmó el claro conflicto entre las pretensiones reformistas de la *Esquerra Republicana* y el sindicato de campesinos no propietarios, y la cerrada defensa de la propiedad de los propietarios, encabezados por la *Lliga* y el Instituto Agrícola Catalán de San Isidro, que encuadraba a los grandes propietarios catalanes, con el apoyo del Gobierno de centro-derecha de Madrid.

La Ley de Defensa de la República

La Ley de Defensa de la República fue una disposición que aprobaron las Cortes el día 21 de octubre de 1931. Se trató de una Ley de excepción que se puso en marcha en pleno proceso constituyente para actuar contra los que atentaran contra la República. Estuvo en vigor hasta la aprobación de la Ley de Orden Público de 28 de julio de 1933[44].

En realidad, ya el Estatuto Jurídico del Gobierno Provisional, aprobado al día siguiente de la proclamación de la República, trató de esta cuestión. El Estatuto estipulaba que el Gobierno tendría plenos poderes, pero para evitar la arbitrariedad, y habida cuenta de que no había poder legislativo que pudiera controlar al Gobierno, decidió sujetarse a normas jurídicas.

Quedaba claro en el propio Decreto que, una vez elegidas las Cortes Constituyentes, el Gobierno se sometería a las mismas. El Estatuto reconocía una serie de derechos, pero también facultaba al Gobierno Provisional para suspender temporalmente los derechos reconocidos en el artículo cuarto, aunque debería argumentarlo ante las Cortes Constituyentes.

Se justificaba por el deber del Gobierno de defender la República de sus posibles enemigos, aunque no se cita este término, aludiendo a «quienes desde fuertes posiciones seculares y prevalidos de sus medios, pueden dificultar su consolidación». Pero, sin lugar a dudas, esta cuestión fue polémica, ya que no quedaba clara la cuestión de las garantías de los derechos y podría dejar la puerta abierta a la suspensión de algunos derechos como los de reunión o manifestación para las opciones políticas y sindicales contrarias a la República, como los partidos monárquicos y muy conservadores, o los anarcosindicalistas de la CNT y los comunistas.

---

44. Sobre el orden público en tiempos de la República: Pilar Mera Costas y Sergio Vaquero Martínez, «Presentación. Orden Público en la Segunda República», *Ayer*, 135/2024 (3): 13-21.

Así pues, ya con el Estatuto se puede observar que el asunto de la excepcionalidad era problemático, como lo atestiguaría el debate político que generaría la Ley de Defensa, y que luego ha continuado la historiografía.

Azaña defendió en las Cortes el día 14 de octubre, en la presentación del programa del nuevo Gobierno que ya presidía, la necesidad de que la República fuera defendida. Habló del respeto que merecía y que el Gobierno estaba dispuesto a cumplir esta misión de forma contundente. Al parecer, esta idea, que tenía que ver también con el establecimiento de una política enérgica para que la inquietud y la alarma fueran disminuyendo no era nueva en el político republicano, ya que ya la había expresado en el seno del anterior Gobierno en el verano.

La cuestión giraba en relación con el control de la derecha que se consideraba profundamente enemiga del nuevo régimen. En consecuencia, en el Consejo de Ministros del 18 de octubre se decidió llevar al parlamento un proyecto de ley para dar al Gobierno facultades especiales. Al parecer, Indalecio Prieto no fue muy partidario del mismo.

Azaña fue el gran protagonista de la defensa del proyecto en las Cortes, consiguiendo una rápida aprobación del mismo. Ante los diputados justificó la aprobación del proyecto por dos razones.

En primer lugar, consideraba que el Gobierno tenía la obligación de dotar a la República de todos los medios necesarios para defenderse de cualquier peligro, pero, además, expresó que la experiencia de los meses transcurridos desde la proclamación de la misma y en las circunstancias presentes el Gobierno no tenía medios adecuados, sancionados por las Cortes, para defenderse de los enemigos de la República, de las conjuraciones contra la misma y del ambiente adverso a la República que pudiera ir formándose, precisamente como consecuencia de la indefensión a la que se había referido.

El único defecto del proyecto no provenía, en su opinión, de su excepcionalidad sino de lo que había tardado en presentarse.

Por fin, las medidas no eran para proteger al Gobierno sino a favor de la República. Aunque consideraba que la República no estaba en peligro, había que evitar que surgiera esa situación, es decir, parecía tener una función preventiva.

A pesar de su rápida tramitación se levantaron voces contra el proyecto en las Cortes, sobre el argumento de que vulneraba derechos y libertades que el proyecto de Constitución reconocía. En este sentido, hay que destacar la oposición de Ángel Ossorio y Gallardo, Santiago Alba, Antonio Royo Villanova y Eduardo Barriobero.

Concretamente, Ossorio y Gallardo recordó que ya se había opuesto a los plenos poderes del Estatuto Jurídico, y criticó distintos apartados del proyecto, considerando que alguno de ellos se parecía a alguna disposición de la Dictadura de Primo de Rivera. Alba incidió, por su parte, en la adopción del trámite de urgencia para aprobar el proyecto porque impedía una discusión plena y la presentación de enmiendas. Al parecer, también el grupo parlamentario socialista no fue muy favorable a este proyecto, tan vinculado a Azaña. En este ámbito hubo intentos de disuadir al presidente del Gobierno, pero, al final, la minoría socialista, por disciplina a favor del Gobierno, terminó por votar a favor.

En principio, la Ley iba a estar vigente hasta la disolución de las Cortes Constituyentes, pero el problema surgió cuando estas fueron prorrogadas una vez que se aprobó la Constitución a finales de año.

Se planteaba una evidente incompatibilidad entre la disposición y el texto constitucional. Se podía ver en relación con la libertad de expresión, con los derechos de reunión y manifestación y hasta con el de asociación, pero también en materia de libertad de industria y comercio, así como, en el tema de la inamovilidad de los funcionarios y, por fin sobre el principio de que nadie podía ser juzgado sino era por un juez competente.

Azaña maniobró de forma rápida y un día antes de que se sometiese a votación la Constitución solicitó a las Cortes con carácter urgente que la Ley de Defensa de la República fuera incluida en la Constitución para evitar la incompatibilidad. Esto generó la protesta de Ossorio y Gallardo porque consideraba que la Ley conculcaba los principios de la propia Constitución, pero el presidente consideró en su respuesta que era necesaria para gobernar. Al final, la Ley se incluyó como Disposición Transitoria Segunda, al considerar que debía estar en vigor hasta que subsistiesen las Cortes Constituyentes o cuando estas la derogasen. En esta Disposición se incluyó también la Ley de la Comisión de Responsabilidades.

¿Esta Ley, al constitucionalizarse, no generó una contradicción con los principios democráticos que defendía la propia Constitución?, ¿fue eficaz o se puede considerar la constatación de la debilidad de las fuerzas republicanas que tuvieron que emplear una disposición nada liberal?, ¿su aplicación, que fue inmediata, no demostró un cierto triunfo de la arbitrariedad en el moderno Estado de Derecho que se pretendió construir en la Segunda República?, o ¿podría ser considerada como necesaria porque la República fue asediada desde el primer momento por diversas y poderosas fuerzas políticas, sociales, de opinión y de presión?

Sin lugar a dudas, esta Ley fue polémica y lo sigue siendo a la hora de analizar la Segunda República.

La Ley era la siguiente, según se publicó en la *Gaceta* del 22 de octubre:

> «Artículo 1. Son actos de agresión a la República y quedan sometidos a la presente ley:
> La incitación a resistir o a desobedecer las leyes o las disposiciones legítimas de la Autoridad;
> La incitación a la indisciplina o al antagonismo entre Institutos armados, o entre estos y los organismos civiles;
> La difusión de noticias que puedan quebrantar el crédito o perturbar la paz o el orden público;

La comisión de actos de violencia contra personas, cosas o propiedades, por motivos religiosos, políticos o sociales, o la incitación a cometerlos;

Toda acción o expresión que redunde en menosprecio de las Instituciones u organismos del Estado;

La apología del régimen monárquico o de las personas en que se pretenda vincular su representación, y el uso de emblemas, insignias o distintivos alusivos a uno u otras;

La tenencia ilícita de armas de fuego o de substancias explosivas prohibidas;

La suspensión o cesación de industrias o labores de cualquier clase, sin justificación bastante;

Las huelgas no anunciadas con ocho días de anticipación, si no tienen otro plazo marcado en la ley especial, las declaradas por motivos que no se relacionen con las condiciones de trabajo y las que no se sometan a un procedimiento de arbitraje o conciliación;

La alteración injustificada del precio de las cosas;

La falta de celo y la negligencia de los funcionarios públicos en el desempeño de sus servicios.

Artículo 2. Podrán ser confinados o extrañados, por un período no superior al de vigencia de esta ley, o multados hasta la cuantía máxima de 10 000 pesetas, ocupándose o suspendiéndose, según los casos, los medios que hayan utilizado para su realización, los autores materiales o los inductores de hechos comprendidos en los números I al X del Artículo anterior. Los autores de hechos comprendidos en el número XI serán suspendidos o separados de su cargo o postergados en sus respectivos escalafones.

Cuando se imponga alguna de las sanciones previstas en esta ley a una persona individual, podrá el interesado reclamar contra ella ante el señor Ministro de la Gobernación en el plazo de veinticuatro horas.

Cuando se trate de la sanción impuesta a una persona colectiva, podrá reclamar contra la misma ante el Consejo de Ministros en el plazo de cinco días.

Artículo 3. El Ministro de la Gobernación queda facultado:

Para suspender las reuniones o manifestaciones públicas de carácter político, religioso o social, cuando por las circunstancias de su convocatoria sea presumible que su celebración pueda perturbar la paz pública;

Para clausurar los Centros o Asociaciones que se considere incitan a la realización de actos comprendidos en el Artículo 1 de esta ley;

Para intervenir la contabilidad e investigar el origen y distribución de los fondos de cualquier entidad de las definidas en la Ley de Asociaciones; y,

Para decretar la incautación de toda clase de armas o substancias explosivas, aun de las tenidas lícitamente.

Artículo 4. Queda encomendada al Ministro de la Gobernación la aplicación de la presente ley.

Para aplicarla, el Gobierno podrá nombrar Delegados especiales, cuya jurisdicción alcance a dos o más provincias.

Si al disolverse las Cortes Constituyentes no hubieren acordado ratificar esta ley, se entenderá que queda derogada.

Artículo 5. Las medidas gubernativas reguladas en los precedentes Artículos no serán obstáculo para la aplicación de las sanciones establecidas en las leyes penales.

Artículo 6. Esta ley empezará a regir al día siguiente de su publicación en la Gaceta».

El PSOE ante el reto constitucional de 1931

El PSOE consideraba, desde las páginas de *El Socialista,* que el Congreso cerrado el domingo 12 de julio de 1931, había sido una de las asambleas de mayor transcendencia en la política española[45]. Aunque pudiera parecer una visión autocomplaciente, debemos recordar que los socialistas eran el principal grupo parlamentario, después de las elecciones a Cortes Constituyentes, y su sello en la Constitución, en determinadas cuestiones, iba a ser evidente. En ese sentido, se interpretaba el Congreso en clave nacional, al aludir que nunca antes habían coincidido el interés del Partido con el general. El PSOE había sido hasta

___

45. Hemos trabajado con el número 6997 de *El Socialista.*

entonces una especie de Estado dentro del Estado. Pues bien, en este Estado regido por las normas de la propiedad, los socialistas considerabán que habían representado el futuro, de un cambio social avanzado, aunque se reconocía que no había sido mas que un comienzo, pero que podía alimentarse y crecer merced a una oportunidad histórica.

El socialismo español había actuado en pugna constante con la sociedad capitalista, dividida en dos clases. El conflicto también era con el Estado, ya que legislaba siempre a favor de una de esas dos clases, la burguesía. Se reconocía que el PSOE había ido construyendo sus críticas a través del pensamiento marxista en la convicción de que mientras no cambiase de manos el poder del Estado, las leyes serían parciales e injustas.

Por otro lado, también se consideraba que el Partido no podría ser realmente un Estado dentro del Estado si no se contara con masas, mientras el proletariado no se organizase con los socialistas. Pero eso se había ido consiguiendo, alcanzando esa condición de Estado que, aunque no legisla, aspiraba a hacerlo, es decir, en una organización política de peso. No era un Estado que manda, pero sí un Estado que se negaba a obedecer, en rebeldía.

Pero la situación en 1931 era distinta porque, aunque el PSOE seguía en pugna contra el Estado por su condición de burgués, se afirmaba que pronto desaparecería, y gracias, en gran medida, a la hostilidad protagonizada por el socialismo. El PSOE desde el Gobierno se iba a enfrentar al Estado en algún momento. Se señalaba que las aspiraciones del Partido Socialista no podrían señalarse en ese momento, en el Congreso Extraordinario, ni tampoco había sido el momento de repetir viejas demandas. Lo que ocurría era que el Congreso había tenido que adaptarse al nuevo tiempo, a concretar lo que había que realizarse y, de ahí su trascendencia. En ese sentido, Indalecio Prieto había aludido al cambio de los procedimientos impuestos al PSOE por la nueva situación. Antes bastaban unas líneas generales en las reivindicaciones, estando los socialistas convencidos que no se concederían, buscando siempre que se legislara a favor de los trabajadores. Pero desde el momento en el que se había proclamado la República, aunque de forma relativa, los socialistas habían comenzado a legislar. Así pues, ahora tocaba realizar análisis detallados. Por eso, el Congreso había estado conectado con la nación, y había suscitado la atención de todo el mundo. En fin, los socialistas se consideraban satisfechos con la labor realizada, con la altura de miras demostrada.

El Congreso Extraordinario había dicho lo que tenía que decir, ahora se abrirían las puertas de las Cortes para 110 diputados socialistas.

Las reformas en el Bienio reformista de la Segunda República

Las dificultades a las que se enfrentaron los primeros Gobiernos de la República

Una de las claves para entender las dificultades con las que tuvo que enfrentarse el Gobierno republicano-socialista del primer Bienio de la Segunda República en sus intentos de aplicar su ambicioso programa de reformas en las estructuras políticas, administrativas, educativas, culturales, sociales y económicas de España fue la resistencia y oposición de una serie de fuerzas políticas y sociales de distinto signo, poder e influencia.

Por un lado, estarían las fuerzas a la izquierda, principalmente los anarquistas. Por otro lado, se encontraba una potente oposición eclesiástica, la de amplios sectores de la oficialidad del Ejército y la de las distintas derechas.

Los anarquistas terminaron por declarar a la República, como a cualquier otra forma de Estado, como enemiga de la clase obrera, aunque no se movilizaron en su contra cuando se proclamó. En plena Dictadura de Primo de Rivera se había fundado la FAI (1927), como sociedad que reclutó a sus afiliados entre los cuadros más duros de la

CNT. Ante lo que consideraban excesiva lentitud de las reformas republicanas, especialmente, la agraria, la FAI y la CNT impulsaron la iniciativa campesina y obrera al margen del poder. Así se sucedieron diversas agitaciones anarquistas en el campo y en las fábricas. El Gobierno respondió, en general, con extrema dureza. Uno de los acontecimientos con más resonancia fue el de Casas Viejas a principios de 1933. Los campesinos se sublevaron y atacaron a la Guardia Civil. Esto motivó el envío de la Guardia de Asalto para restablecer el orden. Cuando todo parecía acabado, un viejo anarquista se atrincheró en su casa con sus hijos, nietos y algunos vecinos, ante lo cual se desencadenó una brutal y desproporcionada represión: se incendió la casa y se ordenó ametrallar a sus ocupantes. Murieron todos menos dos. Después se asesinaron a doce hombres maniatados. Esta actuación policial desacreditó al Gobierno entre amplios sectores populares y de la izquierda, y contribuyó a su crisis y caída.

La alta jerarquía eclesiástica estuvo muy vinculada a la Monarquía de Alfonso XIII y, en general, al sistema de la Restauración que le permitió recuperar el poder e influencia que había perdido, en cierta medida, en la época del Sexenio Democrático. En oposición, el republicanismo español mantenía posiciones anticlericales, aunque algunos de sus representantes, como Alcalá–Zamora o Miguel Maura, eran declarados católicos. El primer conflicto surgió con la máxima autoridad eclesiástica española, el primado cardenal Segura, quien en una pastoral del 1 de mayo de 1931 atacó a la República y exaltó al monarca. El Gobierno exigió la dimisión del cardenal, pero la Iglesia cerró filas en torno a su principal figura.

También hubo otro conflicto con el obispo de Vitoria. Las relaciones entre el Gobierno y la Iglesia habían comenzado mal.

Otro fenómeno que enrareció más las relaciones entre la Iglesia y el nuevo régimen fue el vandalismo anticlerical. El Gobierno no instigó estos hechos pero no fue diligente en atajarlos porque no quería granjearse la enemistad de ciertos sectores populares, cuyo anticlericalismo violento era una explosión visceral de rabia al considerar a la Iglesia vinculada con los poderosos y ricos.

En el seno del Ejército existía una gran división entre partidarios y enemigos de la República. Una de las cuestiones clave era la autonómica al suponer una reforma de la tradicional organización territorial centralista de España, principal preocupación para muchos militares porque consideraban que rompía uno de los dogmas sagrados de la institución, la unidad de la patria. Ante las conspiraciones militares, la República optó por una política suave de sanciones ante el temor que producía el Ejército. La más importante de todas las conspiraciones fue la protagonizada por el general Sanjurjo, director general de la Guardia Civil, en Sevilla en el verano de 1932, que estudiaremos en un capítulo específico.

Los partidos de derechas se pueden clasificar en dos grandes grupos, según su actitud ante la República. En primer lugar, estaría la derecha accidentalista, es decir, aquella cuya estrategia consistía en conquistar el poder en las urnas para convertir a la República de izquierdas en una República conservadora. En segundo lugar, tendríamos la derecha monárquica y antirrepublicana, que pretendía, en cambio, acabar con la República mediante la conspiración militar.

De los partidos accidentalistas destacaría, sin lugar a dudas, la CEDA[46], o Confederación Española de Derechas Autónomas, de Gil Robles, que contaba con el apoyo de la Iglesia y agrupaba amplios sectores católicos de la clase media, la alta burguesía y a los terratenientes, así como al amplio sector de medianos y pequeños campesinos del centro peninsular. Su programa se basaba en la defensa del catolicismo y el orden social. Se trataba de una coalición política creada en octubre de 1933, fruto de la unión de Acción Popular de Gil Robles y de la Derecha

---

46. Puede consultarse, Javier Tusell et allí, *Las derechas en la España contemporánea,* Madrid, Anthropos, 1997. También se puede consultar, Pedro Carlos González Cuevas *Historia de las derechas españolas: De la ilustración a nuestros días,* Madrid, Biblioteca Nueva, 2000.

Regional Valenciana, dirigida por Luis Lucía, junto con otras formaciones más pequeñas.

La derecha monárquica estaba representada por el Partido Carlista o Tradicionalista de Manuel Fal Conde, que mantenía la tradición del carlismo[47], y Renovación Española, fundada en 1933 con Calvo Sotelo como máximo representante, que propugnaba una monarquía autoritaria[48].

Con carácter más minoritario estaba la extrema derecha. Bajo la inspiración del fascismo italiano y algo menos del nazismo alemán, surgieron distintos partidos totalitarios, que terminaron por unirse al último en crearse, es decir a Falange Española, fundada en 1933 por José Antonio Primo de Rivera[49]. Fue la organización más activa de la extrema derecha y utilizó la violencia contra miembros de partidos y sindicatos de izquierda.

Las reformas militares de Azaña

Las reformas militares emprendidas por Manuel Azaña, como ministro de la Guerra, fueron las más importantes de la Historia contemporánea española hasta ese momento. Y, aunque generaron polémica, fueron las que menos se intentaron rectificar, curiosamente, por el centro y

47. Jordi Canal, *El carlismo*, Madrid, Alianza Editorial, 2000. Del mismo autor, *Banderas blancas, boinas rojas: una historia política del carlismo*, 1876–1939, Madrid, 2006. También se puede consultar una obra clásica de un destacado carlista, Melchor Ferrer, *Historia del tradicionalismo español*, Sevilla, 1979.

48. Al respecto, Julio Gil Pecharromán, *Conservadores subversivos. La derecha autoritaria alfonsina (1913-1936)*, Madrid, Eudema, 1994. También es conveniente acercarse a Eduardo González Calleja, *Contrarrevolucionarios: Radicalización violenta de las derechas durante la Segunda República, 1931-1936*, Madrid, Alianza Editorial, 2011.

49. Podemos acercarnos a la siguiente bibliografía: Ferrán Gallego y Francisco Morente, *Fascismo en España*, El Viejo Topo, 2005; Ian Gibson, *En busca de José Antonio*, Madrid, Aguilar, 2008; Julio Gil Pecharromán, *José Antonio. Retrato de un visionario*, Madrid, Temas de Hoy, 1996; Stanley G. Payne, *Falange. El fascismo español*, Madrid, Ruedo Ibérico, 1985; Paul Preston, *Las derechas españolas en el siglo XX: autoritarismo, fascismo y golpismo*, Madrid, Sistema, 1986 y José Luis Rodríguez Jiménez, *Historia de Falange Española de las JONS*, Madrid, Alianza Editorial, 2000.

la derecha cuando estuvo en el poder en el siguiente bienio de la República[50].

Al llegar la República el Ejército español había decrecido en efectivos de reemplazo, tendencia que venía produciéndose desde los últimos años veinte, una vez que se había terminado la Guerra de Marruecos. Pero esta lógica disminución al encontrarse el país en paz no se acompañó de la consiguiente disminución del número de oficiales. Se estaba ante un Ejército con una extraña relación entre oficialidad y tropa, ya que era, al parecer, el segundo europeo con menos soldados por oficial. Pero, además, el nivel de instrucción y profesionalidad de los oficiales era, como media, muy bajo, con lógicas excepciones. Había tantos oficiales por razones políticas. Las guerras del 98 y la de Marruecos habían promovido a muchos mandos, pero luego no se había establecido ninguna política para prescindir de su exceso a través de retiros bien remunerados. Tenemos que tener en cuenta que para los hijos de las clases medias el ingreso en el Ejército, accediendo a la oficialidad, era una salida profesional cuando no se tenían muchos medios económicos propios. Esto generó un creciente gasto militar, pero no para la modernización de las Fuerzas Armadas sino para pagar las nóminas. Además, como no había casi tropa que mandar, muchos oficiales estaban dedicados a tareas burocráticas como simples funcionarios.

Las unidades militares españolas no estaban muy bien preparadas ni organizadas, salvo las que estaban destinadas en África donde se habían curtido en complejos y durísimos combates. El Ejército peninsular se había dedicado a tareas de represión del movimiento obrero y no estaba preparado para las funciones de la guerra moderna, precisamente en momentos en los que la estrategia y la táctica militares comenzaban a cambiar de forma radical. El armamento estaba obsoleto y era de principios de siglo, sin aportaciones modernas sustanciales. A pesar

---

50. Podemos consultar, Justo A. Huertas, *Gobierno y administración militar en la II República Española,* Madrid, Boletín Oficial del Estado, 2016. Más clásica es la obra de Michel Alpert, *La reforma militar de Azaña (1931-1933),* Madrid, Siglo XXI, 1982.

del esfuerzo de algunos pioneros sobresalientes la Aviación española se encontraba casi en su infancia.

Por fin, el Ejército había incrementado su presencia en la vida política española desde el Desastre del 98, habiendo culminado esta intervención con el golpe de 1923 y la consiguiente Dictadura.

Azaña era consciente que el Ejército español necesitaba un cambio profundo, buscando dos objetivos. En primer lugar, había que crear un Ejército al servicio de la República, del Estado, sin intervenciones en la política. En segundo lugar, debía racionalizarse y reorganizarse su funcionamiento y estructura.

No era el primero que había intentado emprender reformas militares de envergadura. Ya en la transición del siglo XIX al XX hubo personajes como el general Cassola y Canalejas que intentaron cambios importantes con poco éxito. Pero Azaña estaba en otro régimen político con férrea voluntad de emprender transformaciones profundas. Para ello, contó con buenos colaboradores como los generales Ruiz–Fornells, Goded y el comandante Hernández Saravia. El equipo se puso a trabajar casi frenéticamente para sacar una serie de decretos en la primavera y verano de 1931, como hemos apuntado anteriormente.

El primero de ellos, ya de una fecha tan temprana como el 22 de abril, exigía la promesa de la fidelidad a la República, forzando a los muy monárquicos a abandonar. Muy pocos renunciaron, realmente, y eso no supuso, ni mucho menos, que la mayoría de la oficialidad fuera sincera en la lealtad al nuevo régimen; simplemente primó el continuar en su puesto y oficio. Tres días después se publicó el decreto de retiros extraordinarios. Se pretendía aligerar la abultada plantilla de oficiales. Los que se acogieran a lo dispuesto mantendrían sus haberes. En este caso se acogieron más oficiales, especialmente los menos capacitados, por lo que mejoró bastante la calidad profesional media. Otras consecuencias favorables fueron que permitió reorganizar mejor las unidades y ofreció más posibilidades de promoción a los que se quedaron. Desde el punto de vista estrictamente militar fue un éxito pero el objetivo político no se cumplió, porque entre los retirados no solo hubo monárquicos sino también muchos militares más progresistas y republicanos que vieron en esta disposición una salida vital a una situación profesional difícil dentro del Ejército, al estar rodeados de militares muy reaccionarios.

En los meses de mayo y junio se dio un conjunto de decretos que reformaron intensamente la organización militar. Se mantuvo la unidad de división, aunque se redujeron las existentes y la Aviación pasó a ser un cuerpo militar independiente del ejército. También se reformaron las Regiones Militares, ya que pasaron a ser divisiones orgánicas y comandancias. También desparecieron las Capitanías Generales. El Ministerio de la Guerra experimentó profundos cambios internos, por su parte. El Ejército de África también fue reformado en el mes de julio.

La justicia militar fue completamente reformada porque debía estar en consonancia con la unidad de jurisdicción que la Constitución terminaría por establecer. El gobierno abolió la Ley de Jurisdicciones, que había puesto bajo la justicia militar los delitos cometidos por civiles contra la Patria y el Ejército, y que había generado tanta polémica cuando se promulgó en tiempos de Alfonso XIII. Además, la jurisdicción militar se supeditó a la civil porque pasó a depender del Ministerio de Justicia, en línea con la idea de unas Fuerzas Armadas al servicio del Estado. El Tribunal Supremo asumió las funciones del suprimido Consejo Supremo de Guerra y Marina. Hasta los fiscales militares pasaron a depender del fiscal de la República.

Aunque las reformas emprendidas en los meses de la primavera y el verano de 1931 fueron muy importantes y de gran calado, Azaña pretendía cambios más profundos para transformar completamente las Fuerzas Armadas.

En primer lugar, había que reformar el sistema de reclutamiento aunque ya había hecho algo en este sentido Canalejas. Ahora se pretendía que los soldados de reemplazo permaneciesen un año, aunque los universitarios y bachilleres solamente prestarían un período de instrucción de un mes. Aun así se mantuvo el sistema de redención del servicio mediante dinero aunque solamente se aplicaría a los seis meses de servicio activo.

La política de los destinos y ascensos, que tanta polémica había generado en su momento cuando surgieron las Juntas de Defensa, debía cambiar. La reforma inmediata que había aligerado la sobrecarga de oficiales permitía ahora abordar una nueva reglamentación de las escalas eliminando el clasismo que imperaba. Había que primar la antigüedad en relación con los destinos, aunque el del más alto mando, es decir, el de los generales debía depender de las decisiones del poder civil, del ministro de la Guerra. Las Cortes aprobarían una Ley que determinó el pase a la reserva de los generales que no hubieran tenido destino en seis meses, un mecanismo legal que permitía retirar algunos militares de dudosa lealtad. En relación con los ascensos se optó por la anulación de los que se habían producido en tiempos de la Dictadura de Primo de Rivera, afectando a unos trescientos militares. La Ley de Reclutamiento y Ascensos de la Oficialidad, del mes de septiembre de 1932 confirmó todo lo establecido en esta materia en los primeros meses de existencia del régimen republicano, pero, sobre todo, estableció un baremo para determinar los ascensos, y que pivotaba sobre los criterios de antigüedad y capacitación profesional. Además, en la línea con la lucha contra el clasismo, que planteamos anteriormente, se estableció una única escala en la que se incluían a los oficiales de carrera y a los de tropa.

La reforma de la enseñanza militar fue otro objetivo de la República, habida cuenta de la preocupación para formar oficiales capaces. Azaña cerró la Academia General de Zaragoza, que dirigía el general Franco. En julio de 1931 se creó el Centro de Estudios Superiores Militares, para atender a la formación de coroneles y generales. Se mantuvieron las Academias de Toledo y Segovia.

La República creó el Cuerpo de suboficiales y refuerzo de la escala de complemento. Se convirtió en un recurso para Azaña porque así podía disponer de efectivos para el mando sin volver a sobredimensionar las plantillas de profesionales. Pero, además, convertir en suboficiales a determinadas clases de tropa permitía mejorar la situación de amplios sectores del Ejército, muy castigados o menospreciados en el pasado, y que por sus orígenes y condición eran potencialmente más proclives al nuevo régimen que los oficiales de siempre.

Azaña fue consciente de las gravísimas carencias materiales del Ejército español. La República quería modernizar las armas pero el presupuesto no daba para mucho. Comprar armas y material en el extranjero era una opción muy poco viable, por lo que se optó por fomentar la producción nacional. En febrero de 1932 se aprobó una Ley que creaba el Consorcio de Industrias Militares, que pretendía agrupar y coordinar la producción de las fábricas existentes en España para estimular la producción. Pero en este campo no se avanzó mucho por los evidentes problemas económicos del momento.

La derecha española y la oficialidad más reaccionarias criticaron con extrema dureza algunos de los aspectos de estas reformas, especialmente la reducción de personal porque veían que se pretendía terminar con los militares monárquicos. El propio Azaña tuvo una parte de responsabilidad en la polémica porque, aunque siempre pretendió la modernidad y un sincero interés en convertir a las Fuerzas Armadas en efectivas y al servicio del Estado, no se caracterizó por la diplomacia verbal y por buscar entendimientos. Azaña, como casi todos los políticos republicanos, no confiaba en gran parte de la oficialidad, aunque tenía poderosos motivos para no hacerlo. Azaña sufrió una intensísima campaña difamatoria en los medios más reaccionarios y conservadores. El malestar de un sector de la oficialidad se canalizaría a través de la Sanjurjada de 1932 y alimentaría la conspiración militar contra la República.

La conspiración militar y la Sanjurjada

Para entender el golpe protagonizado por Sanjurjo —la Sanjurjada— del año 1932 hay que analizar el proceso conspirativo alentado por la derecha extremista monárquica o alfonsina, que comenzó a desarrollarse desde el primer momento de la proclamación de la República[51]. Este sector de la derecha era consciente de su debilidad organizativa política para hacer frente a la mayoría republicano-socialista, y frente a la otra derecha posibilista que se fue preparando poco a poco para acceder al poder. Pero eso no significaba que los alfonsinos renunciaran a presentar batalla contra el nuevo régimen. Para ello era importante el ataque ideológico elaborando un discurso muy tradicionalista, católico integrista y que fue apropiándose de algunos elementos de la pujante ideología fascista. La publicación Acción Española fue su principal ariete. En segundo lugar, se formó un partido, Renovación Española, que intentó acercar posturas con el carlismo. Pero, en realidad, la vía conspirativa y golpista fue la más importante, habida cuenta de lo que decíamos anteriormente sobre la debilidad organizativa en lo político.

La vía golpista aunó el concurso de civiles y militares desde mayo de 1931. Conviene tener en cuenta este dato para entender que desde el principio la República contó con poderosos enemigos dispuestos a terminar con la misma. El fracaso de la primera conspiración supuso una escuela donde aprender lo que no había que hacer para no fracasar en la segunda, aunque al final desencadenase una guerra.

En la conspiración estaban los generales Barrera y Ponte, y otros militares como Orgaz. Los principales civiles eran el conde de Vallellano y el político y ex-ministro Galo Ponte. La estrategia era buscar más apoyos en el seno del Ejército justo en el momento en el que se ponían

---

51.   Ver: Francisco Alía Miranda, *Historia del Ejército español y de su intervención en política*, Madrid, Libros de la Catarata, 2018.

en marcha las primeras reformas militares de Azaña, que generaron descontento entre los oficiales más conservadores. La baza carlista debía tenerse en cuenta porque no solo aportaría apoyos políticos sino también elementos activos, ya que estaban formando sus nuevas milicias, los requetés, aunque los carlistas siempre mantuvieron una clara independencia en esta cuestión. Los conspiradores hasta intentaron involucrar al PNV por su dimensión católica y conservadora, a pesar de su nacionalismo. Estos movimientos llegaron a oídos del poder y Azaña actuó, enviando a Orgaz y a otros al destierro, aunque sin tomar medidas más contundentes, por lo que, en realidad, la trama golpista no se vio seriamente dañada. Este es un aspecto que, al igual que después en 1936, ha generado debate historiográfico, es decir, la supuesta debilidad o inoperancia frente a los conspiradores.

En la segunda mitad del año 1931 la conspiración adquirió una dimensión preocupante, al unirse los generales Villegas, Cavalcanti y el propio Goded. También se incrementaron los contactos con políticos, algunos propiamente republicanos. Al parecer, hasta Lerroux, muy descontento del rumbo de izquierdas del Gobierno mantuvo alguna relación, aunque sin mayores consecuencias. Lerroux pensó que solamente querían, como él, rectificar el rumbo político en un sentido más moderado, aunque, en realidad, los golpistas buscaban un cambio radical y profundo.

La conspiración llegó a un punto clave cuando en el mes de enero el general Sanjurjo, que hasta ese momento había sido director de la Guardia Civil, fue nombrado jefe de los Carabineros, algo considerado como un castigo por sus críticas a la política de orden público del Gobierno, ya que era un cuerpo menos importante que el de la Benemérita. Los conspiradores vieron una oportunidad de oro para atraerse a un militar muy importante y popular. No tuvieron que insistir mucho porque se sumó a la trama sin dificultades. Los conspiradores fueron más ambiciosos y buscaron el apoyo extranjero. Para ello, se envió al piloto Juan Antonio Ansaldo para que Mussolini se comprometiese, pero, por ahora, el fascismo italiano se mantuvo al margen. Tampoco se consiguió el apoyo oficial del carlismo aunque la Comunión autorizó la participación individual de sus componentes.

La falta de apoyo italiano y el tibio de los carlistas no desalentaron a los conspiradores civiles y militares. En el debate político del momento encontraron un caldo de cultivo propicio para sumar voluntades. Las reformas militares echaron en sus brazos a más oficiales y el debate sobre el Estatuto de Cataluña les atrajo muchas simpatías no solo en los cuarteles sino en gran parte de la derecha, porque este cambio en la organización territorial de España era un tema tabú, al considerar que vulneraba el principio sacrosanto de la unidad de la Patria.

La fecha para el golpe sería el 10 de agosto de 1932. Pero la intentona fracasó estrepitosamente. El ataque al Ministerio de la Guerra no se pudo realizar y la guarnición madrileña no se sublevó. La situación fue, en principio, distinta en Sevilla donde los golpistas se hicieron con la ciudad. Desde allí, Sanjurjo hizo público un manifiesto proclamando la instauración de un régimen dictatorial, aunque sin mencionar que se restauraría la Monarquía. Pero aquello se desmoronó rápidamente al no contar con el concurso de otras guarniciones. Sanjurjo intentó huir, pero fue detenido.

La educación en la Segunda República

La llegada de la Segunda República supuso la implantación de un sistema político que tuvo en la educación uno de sus pilares fundamentales, tanto por la constatación del abandono en el que estaba, como por la necesidad de plantear en la práctica profundos cambios en un sentido progresista, dentro de un proyecto más amplio de creación de un Estado del bienestar, al considerar la educación como un motor de transformación social, partiendo, eso sí, de los movimientos de renovación pedagógica que habían comenzando con la Institución Libre de Enseñanza[52]. Tres políticos se destacaron en el impulso a la educación: los ministros Marcelino Domingo y Fernando de los Ríos, que ocuparon la cartera de Instrucción Pública, y Rodolfo Llopis, director general de Primera Enseñanza[53].

La Constitución de 1931 dedicó tres amplios artículos a la educación, dentro del Capítulo II, titulado «Familia, economía y cultura», del Título III, «de los derechos y deberes de los españoles». El artículo 48 establecía que el servicio de la cultura era atribución del Estado y se prestaría en instituciones educativas, según un sistema de escuela unificada, es decir, que se planteaba un nuevo sistema educativo y común. La enseñanza primaria sería obligatoria y gratuita. Los docentes, desde maestros a catedráticos, pasando por profesores, serían funcionarios públicos.

La República tendría obligación de facilitar el acceso a todos los grados de enseñanza a los españoles sin posibilidades económicas, es decir, por vez primera se establecía que la falta de recursos no podría ser un impedimento para estudiar; la educación adquiría un componente social del que carecía anteriormente y que no se recuperaría hasta la vuelta de la democracia. La libertad de cátedra quedaba reconocida y garantizada. La escuela española sería laica. En el propio texto constitucional se establecían los valores que debían inculcarse: el trabajo y la solidaridad. La religión dejó de ser una asignatura obligatoria. Aunque la enseñanza era laica, las distintas confesiones tendrían el derecho de enseñar sus doctrinas respectivas, pero bajo la inspección del Estado.

---

52. Luz Martínez Ten y C. Herrero Linares, *La educación en la Segunda República. Guía didáctica para secundaria y bachiller*, Madrid, UGT-FETE, 2016 y Antonio Molero, *Historia de la Educación en España, tomo IV: la Educación Durante la Segunda República y la Guerra Civil*, Madrid, Ministerio de Educación y Ciencia, 1991.

53. Sobre Rodolfo Llopis, Bruno Vargas, *Rodolfo Llopis (1895-1983). Una biografía política*, Barcelona, Planeta, 1999.

El artículo número 49 se dedicó a plantear las líneas generales de la estructura educativa. La expedición de títulos académicos y profesionales correspondería exclusivamente al Estado, que establecería las pruebas y requisitos necesarios para obtenerlos aún en los casos en que los certificados de estudios procedieran de centros de enseñanza de las regiones autónomas. Una ley de Instrucción Pública determinaría la edad escolar para cada grado, la duración de los periodos de escolaridad, el contenido de los planes pedagógicos y las condiciones en que se podría autorizar la enseñanza en los establecimientos privados.

Por fin, el artículo número 50 trataría, por vez primera, de atender la diversidad de España en el plano educativo, aunque primando el castellano como lengua fundamental en las escuelas. Las regiones autónomas podrían organizar la enseñanza en sus lenguas respectivas, de acuerdo con las facultades que se concediesen en sus respectivos Estatutos. Sería obligatorio el estudio de la lengua castellana, y esta se usaría también como instrumento de enseñanza en todos los centros de instrucción primaria y secundaria de las regiones autónomas. El Estado podría mantener o crear en ellas instituciones docentes de todos los grados en el idioma oficial de la República. Pero en el mismo año de 1931 se aprobó un decreto que matizaba el precepto constitucional en un sentido menos centralista. La presión catalana era evidente y se estableció que la enseñanza se practicaría en la lengua materna hasta los ocho años en la escuela, ya fuera catalana o castellana.

Una de las primeras decisiones tomadas por el Gobierno de la República fue la elaboración de un ambicioso plan quinquenal de construcción de escuelas, hasta 27 000 centros escolares. Las penurias presupuestarias impidieron alcanzar ese objetivo, pero se hizo un verdadero esfuerzo para que hubiera escuelas en todos los rincones del país.

Las Misiones Pedagógicas fueron uno de los proyectos que más memoria han dejado de la República. Ponían en práctica la idea de la Institución Libre de Enseñanza de lo que se conocía como la «extensión universitaria»[54]. Se pretendía acercar la cultura, con un intenso afán pedagógico, especialmente al mundo rural, con exposiciones, sesiones cinematográficas, guiñoles, representaciones teatrales, recitales, y apoyo a los maestros rurales. La educación de los adultos era una tarea muy urgente, porque no se había atendido en el pasado. El presidente del Patronato de las Misiones Pedagógicas fue uno de los pedagogos más destacados de la historia de la educación en España, Manuel Bartolomé Cossío[55].

Como la Constitución encargaba la aprobación de una ley de instrucción pública, el gobierno se puso en marcha, y encargó a Lorenzo Luzuriaga, uno de los principales pedagogos que ha tenido España, el proyecto legislativo. Las líneas generales del mismo definen el ideario republicano-socialista de lo que debería ser la educación, y han sido inspiración posterior para la izquierda. La educación pública era una obligación del Estado, aunque se podría delegar en otras administraciones su sostén, siempre y cuando tuviesen solvencia económica y cultural. La República no prohibiría el ejercicio de la enseñanza privada, siempre y cuando no persiguiese fines políticos y partidistas. El problema se planteó cuando la legislación prohibió la existencia de las órdenes religiosas que tuviesen entre sus votos la obediencia a otra autoridad que no fuera la del Estado, es decir, los jesuitas, que tenían un evidente protagonismo en la enseñanza. Los republicanos y socialistas consideraban que la Compañía de Jesús ejercía una intensa actividad proselitista a través de la enseñanza. A pesar de la disolución de la Compañía, se mantuvieron en algunos lugares, como en Cataluña, academias subvencionadas por antiguos alumnos, padres y simpatizantes de los jesuitas.

---

54. *Las Misiones Pedagógicas, 1931-1936.* Catálogo General de la Exposición. Publicaciones de la Residencia de Estudiantes. Madrid, 2006.

55. Fundamental es el estudio de Julio Caro Baroja, *El hombre y el educador que fue Cossío,* dentro de la obra de varios autores *Un educador para un pueblo,* Madrid, UNED, 1987. También es importante acudir a una obra mucho más clásica: Joaquín Xirau Palau, *Manuel B. Cossío y la educación en España* Colegio de México, 1945.

Siguiendo el precepto constitucional, la religión dejaría de ser asignatura en el sistema educativo español, aunque no se prohibía el estudio del hecho religioso, en terminología actual, o historia de las religiones, con especial atención a la católica, dentro del currículo escolar. Si los padres de los alumnos de una escuela solicitaban que se enseñase la religión, el Estado tendría la obligación de poner los medios necesarios para que se pudiese impartir, pero siempre fuera del currículo, en un horario extraordinario.

La enseñanza sería gratuita, especialmente en el nivel primario, y se establecía un 25 % de matrículas gratuitas en el nivel universitario.

En cuestiones pedagógicas, la escuela pública republicana planteó toda una revolución, que, basándose en los esfuerzos renovadores anteriores, buscaba que dicha escuela tuviera una clara conexión con la sociedad, por lo que era necesario el concurso de los padres, creándose una verdadera comunidad educativa. La secular segregación se terminaría, implantándose la coeducación.

El sistema educativo español se definiría como un todo unitario, dividido en varias etapas, pero interrelacionadas entre sí. El primer nivel sería el primario, dividido, a su vez, en dos etapas, la voluntaria (4-6 años) y la básica (6-12 años). La secundaria tendría dos ciclos: prolongación de la primaria (12-15 años), y preparación para cursos universitarios (15-18 años). Por fin, la superior, correspondería a los estudios universitarios.

Para todos estos cambios hacía falta un nuevo tipo de maestro, mejor formado pedagógicamente, muy concienciado de la importancia de su labor, más valorado por la Administración y mejor remunerado. La formación de los maestros llegó, por fin, a la Universidad, al crearse la sección de Pedagogía en la Facultad de Filosofía y Letras de la Universidad de Madrid, en el año 1932.

En todo sistema educativo la inspección es un elemento clave y así lo entendió la República. En 1932 se aprobó el decreto sobre la Inspección de la Primera Enseñanza. El inspector no solo sería un funcionario que debía controlar la aplicación de la ley, sino, sobre todo, un facilitador del aprendizaje, al primar su función orientadora con los profesores, por lo que su formación pedagógica debía ser fundamental, además de la puramente administrativa. La inspección en el nivel secundario llegó con otro decreto de Inspección de Segunda Enseñanza, en el mismo sentido. El inspector educativo en la República se convirtió en un funcionario autónomo, gracias al Decreto de Inmovilidad de los Inspectores, que evitaba su desplazamiento cuando molestaba en algún distrito. Los inspectores trabajarían, además, de forma coordinada, al crearse las Juntas de Inspectores.

En el nivel universitario se plantearon menos reformas. Una de las más llamativas fue la regulación de la cuestión de las reclamaciones de los alumnos a las calificaciones. La República creó la Universidad Internacional de Santander.

La llegada del centro–derecha al poder en el año 1933 planteó importantes cambios del proyecto progresista educativo del bienio reformista, en la línea de lo que se ha denominado «contrarreforma», en un sentido conservador. La coeducación fue suprimida en primaria, aunque se pretendió que dicha prohibición se fuera aplicando al resto de etapas educativas. Se procuró intervenir a los inspectores, suprimiendo la Inspección Central de Educación con el argumento de que no había presupuesto, y se suprimió el decreto de inamovilidad de los inspectores. Por otro lado, sí se siguió con la creación de escuelas.

A pesar de que el Frente Popular deseaba establecer reformas educativas en el mismo sentido que en el bienio reformista, el estallido de la guerra paralizó cualquier actuación importante. Es destacable, eso sí, el esfuerzo formador que se dio en las milicias y en el Ejército Popular para combatir el analfabetismo y aportar conocimientos culturales a los milicianos y soldados.

Principios socialistas en educación en tiempos de la República

Llopis explicó en el denominado mitin parlamentario del 6 de Rodolfo diciembre de 1931 en el madrileño Teatro María Guerrero[56], los principios socialistas en relación con la educación que se habían llevado a la Constitución, partiendo, en su opinión, de un ejercicio de realismo político, al plantear lo que se podía en ese momento adoptar, porque haber llevado todo el programa político a la Constitución, en su opinión, no hubiera servido de nada, se hubiera quedado en letra muerta. Por eso se habían planteado aspectos que podían aplicarse y desarrollarse.

En primer lugar, se había defendido el tradicional principio socialista de la escuela única o unificada. Para su desarrollo había que buscar la aprobación de una Ley de Instrucción Pública que acabara con las contradicciones existentes en la organización escolar y con una serie de instituciones que estaban haciendo competencia, en alusión a la escuela privada religiosa, a buen seguro, a fin de que existiera un plan de conjunto en el que sucesivamente, desde la escuela primaria a la Universidad hubiera una unidad.

El segundo principio era aún más socialista porque introducía en la educación la igualdad. La situación económica de los alumnos no podía ser un impedimento para pasar de un grado a otro. Los requisitos para avanzar tendrían que ver con la vocación y la aptitud del estudiante. Ninguno de los alumnos españoles podía verse privado de estudiar porque su familia careciese de recursos. Este principio se había «incrustado» en la Constitución y la futura Ley de Instrucción Pública debía garantizarlo, darle su debido desarrollo.

El tercer principio tenía que ver con el laicismo en la escuela. Este principio estaba inserto en la Constitución, «afirmado en el artículo 3.º,

---

56. Hemos trabajado con el número 7123 de *El Socialista.*

cuando dice que el Estado no tiene Religión, afirmado expresamente en el 48; afirmado en el 26, cuando prohíbe a las comunidades religiosas que puedan dedicarse a la enseñanza en España». Así pues, escuela única, igualdad y laicismo, las tres aportaciones socialistas a la escuela de la República.

Rodolfo Llopis y la paz por la escuela

Desde su responsabilidad educativa en la Segunda República, Rodolfo Llopis luchó por la paz. Consideraba que había que destruir sus causas empleando el instrumento de la educación.

Llopis escribió un artículo, al respecto, en el especial que *El Socialista* dedicó a la guerra en agosto de 1932, donde explicaba sus ideas.

Los tratados de 1919 habían terminado con la guerra, pero no habían traído la paz, porque habían generado muchos conflictos. El tiempo no había ayudado a restablecer equilibrios sino a enconar más las pasiones, sin olvidar las crisis económicas y el peligro de los nacionalismos. Llopis aludía a que cada día se hablaba de la posibilidad de una nueva guerra, y se hacía con naturalidad. Se hablaba de grupos financieros que construían material de guerra y no producía apenas emoción. Se reunían conferencias internacionales, se firmaban pactos y se hacían declaraciones de paz, pero no se había adelantado nada, es más, se había retrocedido.

Por eso, había que cambiar de táctica, en opinión de Llopis. No se podía esperar la paz de los que se beneficiaban de la guerra, no se podía combatir la guerra por la guerra misma. La guerra sería una consecuencia, por lo que había que ir a la causa, que no era otra que el capitalismo, como ya había establecido en su día Jaurès, al afirmar que llevaba en sus entrañas todas las posibilidades y peligros de la guerra. En consecuencia, lo que había que combatir era el capitalismo.

Pero, además, de ir a las causas, había que fomentar un ambiente pacifista. Por eso afirmaba que había que «desarmar las conciencias».

Y el mejor instrumento para el desarme moral se encontraría en la escuela, encargada de liberar las conciencias con el fin de ganarlas para la paz. Por lo tanto, se tenía que trabajar para generar un cambio en la educación. En primer lugar, era importante cuidar el tipo de libros que se ponía en manos de los niños. Después estaría el asunto de los juguetes «guerreros».

En tercer lugar, había que tener en cuenta la transformación de los juegos y deportes para convertirlos en ejercicios de «verdadera fraternización», fomentando la solidaridad. Este principio, asociado a la educación, además, estaba recogido en la Constitución, y se repetía en las circulares emitidas por el Ministerio de Instrucción Pública. Era el objetivo de la República.

En este sentido, Rodolfo Llopis informaba que el Ministerio había comenzado a revisar los libros escolares (libros de texto). También se había advertido sobre qué tipo de juguetes de debían repartir en las festividades, es decir, nada de armas, ni de objetos que pudieran despertar aficiones bélicas. Uno de los medios que se estaba desarrollando con el fin de despertar el principio de la fraternidad estaba siendo el de fomentar el contacto internacional entre niños de distintos países. En este sentido, en La Granja se había organizado una colonia escolar internacional. Niños alemanes habían pasado en el anterior verano, es decir, en el de 1931, una temporada en dicho lugar con niños españoles. En correspondencia habían ido a Alemania a convivir. En el verano de 1932, cuando se publicaba este artículo, ya había llegado la segunda expedición alemana. También se habían organizado intercambios con Francia e Inglaterra. Llopis pensaba que entre los niños se generarían lazos fraternales que se enraizarían de tal manera que no se podrían romper con el tiempo. Los niños no necesitaban preguntarse la nacionalidad para relacionarse, y al convertirse en adultos, no olvidarían esos lazos creados de pequeños.

Llopis era un idealista, sin lugar a dudas, porque pensaba que si algún día los Estados empujaban hacia la guerra resurgirían los sentimientos fraternales. La solidaridad y la fraternidad triunfarían sobre los instintos ancestrales.

«La escuela desarmó sus conciencias. ¡Magnífico programa de educación!».

El programa social de la República en boca de Largo Caballero en la OIT

El ministro de Trabajo Largo Caballero intervino en la Conferencia Internacional de la OIT, que se celebró a primeros de junio de 1931 en Ginebra, para explicar el programa social del Gobierno Provisional de la República[57]. Como el propio Largo expuso en su discurso siempre había tenido una intensa vinculación con la Organización Internacional del Trabajo, pero con la particularidad de que ahora llegaba como ministro de su país, un hecho que le producía una intensa satisfacción.

Largo Caballero explicó que, ante las dificultades con que tropezaba la OIT para lograr las ratificaciones de los convenios votados en la Conferencia, el cambio de régimen en España, aunque siempre había sido «leal y hasta entusiasta» con la Organización, generaría una colaboración con todo tipo de garantías para «poder compenetrarse en absoluto». Debe recordarse que la cuestión de las ratificaciones siempre ha sido el problema fundamental de la Organización del Trabajo desde sus inicios.

El ministro hizo un repaso histórico y elogioso de la legislación social española, algo sumamente interesante de resaltar por parte de un veterano sindicalista y socialista. Largo se remontó a la Edad Media y a

---

57. Hemos empleado como fuente el número 6965 de *El Socialista*.

la época del descubrimiento de América, citando, en este sentido, el reconocimiento que se había hecho en el primer tomo de la *Legislación Social de América Latina,* publicado por la OIT. En la obra se recogían las palabras del profesor Carmelo Viña Mey en la que se defendía que España había iniciado y puesto en práctica por vez primera en la Historia una doctrina de protección y tutela de los indígenas. Después puso más ejemplos posteriores.

Estos hechos históricos lejanos y más recientes debían servir de punto de referencia para el trabajo presente, y para que todo lo que significaban de humano y universal pasara a ser acervo de la OIT.

A continuación, Largo se centró en la preocupación que tenía como ministro y que el Gobierno compartía por mejorar la situación de los obreros del campo, dada la importancia de su número en el conjunto de la población activa española. Además de preparar una batería legislativa para que fuera discutida en las Cortes Constituyentes, el Ministerio de Trabajo de motu propio o en colaboración con los Ministerios de Hacienda, Economía y Justicia se había apresurado a dictar disposiciones favorables, como la constitución de los Jurados Mixtos, que consideraba como tribunales paritarios, la prohibición de los subarriendos, el laboreo de las tierras, etc.

El siguiente punto que abordó Largo Caballero tuvo que ver con la orientación social del Gobierno Provisional de la República. Se inspiraría en el antiguo Instituto de Reformas Sociales y en los modernos organismos de carácter social para reorganizar el Consejo de Trabajo, dividiéndolo en secciones especializadas con cierta autonomía de funcionamiento: legislación social, relaciones con la OIT, el paro, la inspección de trabajo, los seguros sociales, estadística, la emigración, orientación y formación profesional, cooperación, protección de los obreros agrícolas y del mar, etc. La institución debía ser un observatorio en el que se estudiarían los distintos síntomas que anunciasen la aparición de nuevos fenómenos sociales o la transformación de los ya existentes, pero, por otra parte, también debía ser un laboratorio para preparar las medidas adecuadas con el fin de hacer frente a los problemas que fueran surgiendo. El Consejo de Trabajo se convertiría en un instrumento del Ministerio para desarrollar su política, basándose en principios de «justicia y equidad».

En el campo internacional, explicó que uno de los primeros actos que había realizado como ministro había sido la de ratificar sin condiciones el Convenio de Washington relativo a la jornada laboral. El decreto correspondiente salió en la *Gaceta de Madrid* (precedente del BOE) del día primero de mayo, para darle solemnidad al acto. Largo explicó que el Gobierno había declarado ese día como fiesta oficial. Además, explicó como el director de Primera Enseñanza, que sabemos que era Rodolfo Llopis, había publicado una circular para que los maestros explicasen a los niños la significación de dicha fecha. Siguiendo con la dimensión social en relación con el exterior el orador explicó que también se había firmado el Convenio de la Conferencia de 1921 sobre los accidentes laborales en la agricultura. Y se anunciaba que a estas ratificaciones seguirían otras a la espera de la necesaria adaptación de la legislación nacional con el fin de que dichas ratificaciones fueran reales. En este sentido, aludía a las disposiciones precisas en relación con el paro forzoso y la protección de la maternidad que, en realidad, ya habían sido ratificados por España, pero que no se aplicaban adecuadamente, precisamente por esas contradicciones entre los Convenios y las leyes nacionales.

Largo Caballero quería una colaboración estrecha de España con la OIT. En el Ministerio de Trabajo ya existía una Sección Internacional, pero cuya organización iba a ser revisada. Quería que se estableciese un servicio especial que no solamente mantuviese las relaciones con la OIT, sino que siguiera también de cerca sus actividades y para preparar las participaciones de España en las reuniones de la Conferencia.

El ministro deseaba que en la Escuela Social del Ministerio y en otras instituciones educativas se estableciesen cursos para el conocimiento del funcionamiento de la OIT.

Largo quería demostrar en la Conferencia que los problemas sociales ocupaban un lugar prominente en la nueva República, algo que auguraba se plasmaría en la futura Constitución, que se iba a elaborar en las Cortes Constituyentes.

Un aspecto destacable del final de su intervención tiene que ver con la comparación que hizo entre la legislación social española hasta el momento y la nueva que se estaba poniendo en marcha y se desarrollaría en el futuro. En todo caso, reconociendo la tradición «tan típicamente española de justicia y generosidad» de la legislación social española, en realidad, había buscado la protección y tutela de los trabajadores, pero ahora el espíritu de las leyes tenía que ver con la emancipación del trabajador como hombre y como ciudadano.

Los decretos agrarios del Gobierno Provisional

Los decretos agrarios aprobados por el Gobierno provisional de la República, antes de ponerse en marcha el proceso complejo de la reforma agraria, y gracias al interés de los ministros de Trabajo, Francisco Largo Caballero y de Justicia, Fernando de los Ríos, pretendían ofrecer soluciones inmediatas, y hasta casi de urgencia, para paliar algunos problemas acuciantes que padecían los trabajadores del campo, además de preparar el camino para dicha reforma agraria, uno de los principales cambios prometidos por el Gobierno y anhelados por estos trabajadores, por la izquierda y el movimiento obrero[58]. No debemos olvidar la situación de extrema penuria de los jornaleros, la inseguridad de los arrendatarios de tierra, y que la agricultura seguía siendo el principal sector económico del país, ocupando a la mayor parte de

---

58. Podemos acudir al libro clásico de Edward Malefakis, *Reforma agraria y revolución campesina en la España del siglo* XX, Barcelona, Ariel, 1972, pero hay distintas ediciones posteriores.

la población activa por mucho que se hubieran ya desarrollado los sectores secundario y terciario.

La izquierda republicana y los socialistas compartían, con algunas diferencias de relativa importancia, una interpretación del problema agrario que partía de la idea de que los males de la tierra procedían de la estructura de la propiedad, que no había cambiado sustancialmente con las desamortizaciones del siglo XIX, porque no habían sido realmente reformas agrarias, sino procesos de trasvase de propiedad de la Iglesia y los Concejos municipales hacia la nobleza y la alta burguesía, que habían conformado uno de los pilares fundamentales de la oligarquía dominante desde entonces.

El problema fundamental económico estaría en el sur de España donde abundaba el latifundio, propiedad de esa oligarquía, generalmente asentista, que explotaba pésimamente las fincas o las tenía casi abandonadas. La otra faceta del panorama era la social, ya que en esa zona de España se concentraba una masa de jornaleros que vivían en una situación de miseria casi total provocada por unos ínfimos jornales y el paro estacional. Se hacía, pues, necesaria la reforma agraria que tendría un componente económico junto con otro de justicia social. Pero, como decíamos al principio, había que legislar de urgencia, a la espera de la elaboración y aprobación de la Constitución y el consiguiente asentamiento institucional del nuevo régimen, para luego abordar la necesaria ley de reforma agraria.

La filosofía de los primeros decretos agrarios se basaba en el respeto a la propiedad privada, pero establecía la intervención del Estado para evitar los abusos laborales y fomentar que las fincas siguieran produciendo, habida cuenta del presumible boicot de la oligarquía.

En primer lugar, se prohibió el desahucio de los arrendatarios de las tierras hasta que no se aprobase la reforma agraria, aunque se hubieran terminado los contratos, favoreciendo a este sector de campesinos, pero también para que se continuara cultivando la mayor parte posible de tierras.

Se aplicaron los beneficios de la vigente Ley de Accidentes de Trabajo a los obreros del campo. Se fijó la jornada laboral en ocho horas, una conquista social que había llegado a los otros sectores económicos en 1919 pero no al agro. Por el decreto de términos municipales se obligó a los propietarios a contratar trabajadores de la comarca donde estaban las fincas. Esta disposición se relacionaba con la extensión del sistema de Jurados Mixtos de arbitraje al mundo rural. Se pretendía evitar que los propietarios contratasen jornaleros fuera de los términos municipales y comarcas cuando estallaba un conflicto laboral en los términos donde tenían sus fincas. Por fin, el decreto de laboreo forzoso obligaba a los propietarios a mantener sus tierras en explotación.

Estas medidas influyeron en el crecimiento de la Federación Nacional de Trabajadores de la Tierra (FNTT) de la UGT, algo que buscaba el ministro Largo Caballero frente a la fuerza del anarcosindicalismo. Pero la CNT lejos de desaparecer siguió creciendo también, aunque conviene señalar que la fuerza ugetista fue mayor de lo que tradicionalmente se nos ha contado.

Pero los decretos solamente atacaban cuestiones parciales. Se hacía, pues, necesaria la reforma agraria que abarcase la cuestión del campo desde una perspectiva global. Las expectativas de los jornaleros y de los sindicatos eran muy grandes, tanto como el temor de los propietarios. Pero la ley que se aprobaría en 1932 no terminó de gustar a unos ni a otros, a los primeros por ser demasiado legalista al establecer procedimientos de expropiación muy garantistas, pero que además era lenta por falta de fondos para las indemnizaciones, mientras que para los segundos era una intolerable injerencia estatal en el sagrado derecho de propiedad.

La República y los accidentes de trabajo de los agricultores

Hasta la proclamación de la República y la llegada de Largo Caballero al Ministerio de Trabajo los trabajadores agrícolas españoles no recibían indemnizaciones por accidente de trabajo como el resto de trabajadores en España, por lo que se terminó con un agravio evidente. No debemos olvidar, por lo demás, que el sector primario, por muchos avances evidentes en la industria y los servicios, seguía siendo el principal sector económico español en 1931[59].

El Decreto que hacía extensivo este derecho es del 12 de junio de 1931, es decir, casi dos meses después de proclamada la República. En el preámbulo de la disposición se recordaba que la Ley de 30 de enero de 1900 había establecido en España la indemnización por accidentes de trabajo, pero que solamente protegía a los obreros agrícolas ocupados en faenas donde se utilizasen motores accionados por fuerza distinta a la humana, es decir, una minoría de las faenas agrícolas dado el índice de mecanización del campo en el cambio de siglo.

Nada más crearse el Instituto de Reformas Sociales en 1904 los vocales obreros del mismo plantearon el problema, consiguiendo la unanimidad en el seno de la institución para acordarse en 1905 solicitar la extensión a todos los obreros agrícolas de la legislación sobre accidentes, iniciándose los trabajos para la elaboración de un proyecto de ley que fue aceptado y llevado a las Cortes por varios Gobiernos, hasta dos veces en 1919 y una en marzo de 1921, sin que llegara nunca a convertirse en ley.

En el propio año de 1921 las delegaciones españolas en la tercera Conferencia Internacional del Trabajo dieron su voto al Convenio sobre indemnización de accidentes de trabajo en Agricultura. Ese

---

59. Hemos consultado el Decreto en la red en la página de *Justicia y Memoria Histórica. Universitas Miguel Hernández,* y en el número 6973 de *El Socialista,* de 16 de junio de 1931.

Convenio no fue ratificado por España hasta unas semanas después de proclamada la República. Ahora en junio de 1931 tocaba hacer efectivo el derecho que tenían los obreros agrícolas al seguro de accidentes.

Los socialistas se felicitaban, lógicamente, de esta conquista, debida a un ministro del PSOE. En *El Socialista* se recordaba el abandono en el que habían vivido los obreros agrícolas, sin ese seguro y sin Comités Paritarios, a merced de los caciques. También se recordaba en el periódico obrero lo que hemos expresado al principio, es decir que este agravio afectaba, en realidad, a la mayoría de los trabajadores españoles, porque todavía eran mayoría los que laboraban en el campo.

La reforma agraria

La reforma agraria constituye el proyecto económico y social de mayor importancia que debía acometer la República por varios motivos. En primer lugar, aunque la industrialización había avanzado mucho desde finales del siglo XIX, España seguía siendo un país agrario. Los campesinos representaban casi el 50 % de la población activa. Muchos eran jornaleros, campesinos sin tierra. Y, por fin la estructura latifundista del centro–sur peninsular colocaba a amplios sectores sociales en una situación de paro y miseria, que conducía al malestar social y a la violencia.

Para solucionar esta situación el Gobierno provisional ya había adoptado medidas urgentes para proteger a los arrendatarios y a los jornaleros, mientras se emprendía la reforma agraria:

- Se prohibió a los propietarios de tierras que las tuvieran en arrendamiento y que, mediante la cancelación del contrato, expulsaran de ellas a los campesinos.
- Se extendía a los jornaleros la jornada de ocho horas de la que ya disfrutaban los obreros.

- Se obligaba a contratar para el trabajo de las tierras prioritaria-
  mente a los jornaleros del término municipal al que pertenecían.
- Se exigía a los propietarios que cultivaran las tierras bajo amenaza
  de confiscación. Se trataba de evitar que los terratenientes hosti-
  les boicotearan a la República con el abandono de los cultivos.

Se había encargado un informe sobre la reforma agraria a una comisión técnica. Fue elaborado con rapidez y presentado a las Cortes en
julio de 1931. Aunque había gran aceptación en que se terminara con
la gran propiedad latifundista de bajo rendimiento, no había acuerdo
en el procedimiento para conseguirlo. Las discusiones parlamentarias
se prolongaron durante más de un año. En septiembre de 1932 se
aprobó, por fin, la Ley de Reforma Agraria.

La reforma constituyó una frustración considerable para los campesinos, y no gustó tampoco, por otras razones, a los terratenientes.
Las razones del relativo fracaso fueron las siguientes:

- Se tardó mucho tiempo en elaborar y aprobar la propia ley.
- Para su aplicación se creó el IRA o Instituto de Reforma Agraria,
  encargado de elaborar un inventario de las tierras expropiadas,
  tarea que se emprendió de forma lenta y muy burocrática.
- Las expropiaciones requerían la indemnización previa a los propietarios, de manera que retrasaba el procedimiento al condicio-
  narlo a la capacidad de pago del Estado, y el presupuesto era muy
  exiguo.

Los resultados fueron escasos. A finales de 1933 las tierras expropiadas
y repartidas eran muy pocas. Los campesinos recurrieron a la práctica
habitual de ocupación ilegal de tierras, alentados por el movimiento
anarquista.

Contratos de trabajo y despidos en la legislación laboral de la República

Este apartado es un comentario a un artículo, aparecido en septiembre de 1932, en el número de septiembre de 1932 de *El Metalúrgico. Órgano de la Federación Nacional de obreros metalúrgicos y similares de España*, apareció un trabajo de Enrique de Santiago[60], donde realizó un claro repaso acerca de los cambios legales en relación con la cuestión de los despidos y los contratos laborales.

Enrique de Santiago quería demostrar en la revista de los metalúrgicos de la UGT que uno de los motivos de orgullo de la República eran las leyes sociales promulgadas, destacando la Ley del Contrato de Trabajo y de los Jurados Mixtos, y las de Delegaciones e Inspecciones de Trabajo y Colocación Obrera, fundamentales para la vida y actuación de las organizaciones obreras como para poder avanzar en el camino de la emancipación obrera.

Pero los efectos de esas leyes no eran todavía muy tangibles, por lo que los trabajadores no percibían todavía su importancia. Además, el estado de agitación que se vivía en esos momentos hacía que los trabajadores no las acogiesen con el júbilo que correspondía. En este sentido, recordaba, además, el establecimiento de la jornada de ocho horas en las estaciones de ferrocarril, una vieja reivindicación del Sindicato Nacional Ferroviario, pero también los aumentos salariales, obtenidos en el momento en el que las Compañías ferroviarias de todo el mundo estaban disminuyen los sueldos de sus trabajadores.

Pues bien, para nuestro autor la norma legal más importante o trascendental era la disposición promulgada por el Ministerio de Trabajo sobre los despidos, el asunto central que aquí nos ocupa.

---

60. Ajustador mecánico, miembro del socialismo de Tortosa, redactor de *El Socialista,* corresponsal en Francia con el conocido pseudónimo «Aimé Floreal», presidente de la Federación Nacional de Metalúrgicos y vocal de la Comisión Ejecutiva de la UGT, así como candidato socialista a las Cortes, y que en el exilio terminaría en el comunismo, falleciendo en Berlín en 1974. Ver *Diccionario Biográfico del Socialismo Español.*

La Ley de Jurados Mixtos reglamentaba los despidos, procurando evitar los casos de arbitrariedad patronal, corrigiendo los considerados despidos injustos, evitando infinidad de abusos, además de conseguir hacer innecesarias muchas huelgas, con el ahorro de esfuerzos y sacrificios que eso suponía para las organizaciones obreras, según expresaba el autor.

Pero, aunque esta Ley de Jurados Mixtos, que mejoraba la legislación anterior de la Organización Corporativa, y la Ley de Contrato de Trabajo, fueran fundamentales, Enrique de Santiago afirmaba que faltaba algo que venían reclamando los trabajadores de la Federación de Empleados de Banca, de Gas y Electricidad y algunos más en las grandes empresas.

Esos trabajadores de las empresas más potentes padecían un grave problema, y que no era otro que el del despido de aquellos que se significaban sindicalmente o por no ser excesivamente complacientes con los jefes. Poco importaba a estas empresas indemnizar a los despedidos porque disponían de muchos recursos. Pues bien, la nueva disposición ministerial venía a corregir este abuso, obligando a las readmisiones sin opción al despido con indemnización siempre que hubiera sentencia firme de los Jurados Mixtos declarando que el despido era «injusto».

La norma perseguía restringir los despidos injustificados, fundados en la arbitrariedad o para combatir la acción sindical o política de los trabajadores. Además, la ley recordaba que parecía justo la garantía de la permanencia y que no cabía el ejercicio de la opción de ese despido con indemnización porque los empleados de estas empresas tenían más restringidos sus derechos (imaginamos que se refería al de la huelga), en razón de que las mismas prestaban servicios públicos indispensables, y parecía justo que correspondiese una mayor garantía de permanencia en el puesto de trabajo. Enrique de Francisco advertía que la patronal no se iba a quedar de brazos cruzados ante este cambio legal, y era presumible que buscaran medios para burlar los efectos de la disposición ministerial de Largo Caballero. Había que estar en guardia y tener cuidado con los contratos de trabajo y sus cláusulas.

La igualdad salarial de género en la República

En los primeros días de noviembre de 1931 se produjo un debate en la prensa a cuenta del acuerdo adoptado en el ámbito de los servicios en relación con el salario de las dependientas y oficinistas, ya muy numerosas en aquellos momentos en España, dado el avance acontecido especialmente en los años veinte en la incorporación de las mujeres al sector servicios[61].

Al parecer, se había aprobado en la negociación del Comité Paritario correspondiente (La Ley de Jurados Mixtos, que sustituyeron a los Comités, salió publicada en la *Gaceta de Madrid* el 28 de noviembre, al poco tiempo de la polémica), que la remuneración de las dependientas fuera inferior en un 10 % de la que recibían los dependientes masculinos en cada una de las escalas profesionales existentes. Desde nuestra perspectiva actual podríamos pensar que se trataba de una clara discriminación en función del sexo, pero, en realidad, era una conquista porque el sueldo de estas trabajadoras era extraordinariamente bajo. Este acuerdo era, por lo tanto, un paso en la equiparación salarial. La perspectiva histórica siempre es necesaria a la hora de plantear análisis.

---

61. Hemos consultado el número 7103 de *El Socialista*. Por otro lado, podemos consultar el trabajo de Borja Carballo Barral, «La participación de las mujeres en el mercado laboral madrileño del primer tercio del siglo XX (1905-1930)», un trabajo que podemos consultar en la red, fruto del esfuerzo del grupo de investigación de la UCM Historia de Madrid en la Edad Contemporánea. También podemos acudir a A. Soto, «Cuantificación de la mano de obra femenina (1860-1930)», en *La mujer en la Historia de España (siglos XVI-XX), Actas de las 2ª Jornadas de Investigación Interdisciplinaria,* Madrid, UAM, 1984, págs. 279-298; Mary Nash, «Identidad cultural de género, discurso de la domesticidad y la definición del trabajo de las mujeres en la España del siglo XIX», en G. Duby y M. Perrot, (dirs.) *Historia de las mujeres.* Vol. 4, Madrid, 1993, págs. 515-532. Aunque breve, también podemos acudir al trabajo de Rosa María Capel, «Mujer, trabajo y sindicalismo en la España de comienzos del siglo XX», en el portal de la UGT, y que se puede consultar en la red.

Pero en algún periódico se publicó que esta reforma no beneficiaría a las trabajadoras porque, según una interpretación de lo acordado, la patronal, ante la disminución considerable de la diferencia de la remuneración entre hombres y mujeres, contrataría a más hombres. Parecía evidente que muchos empresarios se habían aprovechado de esa gran distancia salarial para contratar tradicionalmente a más mujeres. Por su parte, *El Socialista* opinaba que no estaba claro que se produjera un cambio en la contratación. Podría haber casos, pero el periódico obrero opinaba que no se generalizaría este cambio en la contratación porque los puestos que desempeñaban las trabajadoras en comercios y oficinas estaban «en general en consonancia con sus aptitudes», y, por lo tanto, parecía inconcebible, siempre según el periódico, que los empresarios cometieran la torpeza de cambiar a los trabajadores. No debemos olvidar que, a pesar de los avances que pudo defender y conseguir el movimiento obrero en relación con la mujer trabajadora, el sexismo no fue algo que desapareciera fácilmente, como lo demostraría esta idea de que había oficios en este sector servicios «más propicios» para mujeres.

Pero también es cierto que el periódico socialista realizaba una clara defensa de la igualdad salarial entre hombres y mujeres, en consonancia con el programa del Partido Socialista en relación con la igualdad entre los sexos en todos los campos. A iguales derechos políticos le correspondía una remuneración salarial igual. Aunque se valoraba el esfuerzo realizado en el Comité Paritario en favor del salario de las trabajadoras de este sector de los servicios, los socialistas consideraban que lo justo era la igualdad salarial plena.

Además, opinaban que la acordada «seminivelación» salarial entre hombres y mujeres tendía a evitar la explotación abusiva que padecían las segundas, pero si la mujer realizaba un trabajo equivalente al del hombre debía recibir el mismo salario. Pero, por otro lado, se hablaba de que en el caso del desempeño de tareas «peculiares del sexo» la mujer trabajadora debía percibir un «salario decoroso», y no el que por su «debilidad física» le solía asignar la patronal, es decir, un salario digno, pero distinto al del trabajador hombre porque se mantenía la idea de trabajos más específicamente femeninos.

Por fin, para conseguir todo esto se insistía en uno de los principios fundamentales del movimiento obrero socialista, la necesidad de la organización, es decir, la necesidad de que el trabajador, en este caso, la trabajadora, se organizase sindicalmente, una tarea complicada en el caso de la mujer por la conjunción de factores internos y externos al sindicalismo en sí.

El fin de la discriminación de la mujer casada trabajadora

El 9 de diciembre de 1931 ha pasado a la Historia como la fecha de la aprobación de la Constitución de la Segunda República, pero en ese día también tiene su importancia porque se produjo un hecho capital en el progreso por la igualdad de la mujer, el decreto del Ministerio de Trabajo, con Largo Caballero al frente, por el que se ponía fin a la discriminación que padecían las mujeres trabajadoras que se casaban[62].

El decreto establecía que las obreras que contrajesen matrimonio no podían ser despedidas. El preámbulo de la disposición basaba este avance en el precepto constitucional de la igualdad «política y social de los dos sexos». La República pretendía luchar por la desaparición de preceptos que mantenían la inferioridad jurídica de la mujer en muchos sectores laborales. Así ocurría con la prohibición que se consignaba en determinados contratos y reglamentos de trabajo, por los que se establecía que no podían seguir ocupando sus puestos las obreras o empleadas por el hecho de contraer matrimonio, una prohibición

---

62. Hemos consultado el decreto en el número 7126 de *El Socialista,* del viernes 11 de noviembre de 1931.

que se consideraba sin fundamento alguno, y parecía que intentaba explicarse o justificarse por el deseo de eludir la legislación protectora de la maternidad, es decir, sin nombrarlos se aludía a los patronos.

El decreto se basaba en el artículo 57 de la nueva Ley de Contratos, que supuso otro avance importante en el ámbito laboral dentro del vasto programa de reformas que puso en marcha Largo Caballero como ministro de Trabajo.

El decreto estipulaba lo siguiente en dos artículos:

1. Se declaraban nulas y sin ningún valor las cláusulas que en bases, contratos o reglamentos de trabajo estableciesen la prohibición de contraer matrimonio a las obreras, dependientas o empleadas de cualquier sector laboral, o que por tal circunstancia se considerase terminado el contrato de trabajo.

2. Los despidos efectuados en virtud de tales cláusulas tendrían el carácter de injustificados, a efectos de la aplicación de las normas correspondientes, conforme a lo previsto en el capítulo XI de la Ley de Jurados Mixtos profesionales que se acababa de aprobar a fines de noviembre de ese año.

El trabajo doméstico y la Ley de Contratos de Trabajo

La Ley del Contrato de Trabajo de 21 de noviembre de 1931 constituye un capítulo fundamental en la Historia laboral contemporánea española[63]. Por un lado, recogía aspectos desarrollados por el antiguo Instituto de Reformas Sociales, y por otro asumía el programa en esta

---

63. Hemos empleado como fuente el número 7125 de *El Socialista*. Sobre Maeso Enguidanos podemos acudir al imprescindible *Diccionario Biográfico del Socialismo Español*. Por fin, para entender la importancia de la nueva legislación contamos con el estudio de Santiago González Gómez y Manuel Redero San Román, «La Ley de Contrato de Trabajo de 1931», en V.V.A.A., *La Segunda República Española, el primer bienio: III Coloquio de Segovia sobre Historia Contemporánea de España*, 1987, págs. 75-94.

162

materia de los socialistas con el ministro de Trabajo al frente, Largo Caballero. Se trataba de una disposición que afectaba a todos los trabajadores y trabajadoras estableciendo normas obligatorias para la contratación. También regulaba los convenios colectivos que obligaban a los patronos y los trabajadores. Pero, además, establecía aspectos relacionados con los salarios, la finalización de los contratos, el establecimiento de vacaciones pagadas por una semana y, por fin, reconocía que el derecho de huelga no podía ser motivo de despido.

Pues bien, esta legislación, por fin, incluía un sector laboral muy amplio en la España de los primeros decenios del siglo XX, y que estaba muy desprotegido, el de los trabajadores y trabajadoras domésticos, cuyas reivindicaciones asumió el movimiento obrero ugetista, como hemos tenido oportunidad de estudiar en algunos trabajos previos.

En este sentido, el maestro, abogado y activo sindicalista Alfonso Maeso Enguidanos publicó en *El Socialista* un artículo donde celebraba la inclusión de estos trabajadores en la legislación laboral porque suponía el fin de tantos abusos cometidos con estos trabajadores y trabajadoras, que estaban al margen de las disposiciones que regían en fábricas, talleres, oficinas y otros centros de trabajo.

Maeso comenzaba su artículo, precisamente, aludiendo a los bajos salarios de «criados y criadas», y a sus agotadoras jornadas laborales que duraban gran parte del día. Maeso explicaba, en el mismo sentido aludido, a que los obreros y obreras del hogar no habían estado asimilados al resto de asalariados.

Había sido aprobada una Ley, la del Contrato de trabajo de la mano de Largo Caballero que iba a cambiar esta situación; en primer lugar, porque en su artículo segundo se establecía que el objeto del contrato al que se refería la disposición era todo trabajo u obra que se realizase por cuenta ajena o todo servicio que se prestara en iguales condiciones, incluso el doméstico. La Ley definía quiénes eran trabajadores, incluyendo a los que se ocupaban en «servicios domésticos», los denominados «obreros a domicilio». Por fin, tendrían derechos, y estarían protegidos en todas las cuestiones laborales y salariales.

La atención al desempleo

El Seguro de Desempleo tiene sus antecedentes en el siglo XIX en sistemas de protección a los parados que diseñaron algunos municipios suizos, como Berna en 1823 o Basilea a finales de la centuria. También en Alemania encontramos algún ejemplo, como es el de la ciudad de Colonia.

Con el nuevo siglo XX aparece el primer modelo de servicio público de atención al desempleo, siendo pionero el que se implanta en Gante en 1901. Se creó una Caja de Fondos del Paro municipales que subvencionaba a sociedades mutualistas y sindicatos que eran los que ofrecían el seguro de desempleo a sus asociados o militantes. Se calcula que la subvención oscilaba entre el 50 y el 75 % del total de la prestación. Este modelo se denomina de seguro voluntario de desempleo. Comenzó a extenderse por Europa, ya que lo vemos adoptarse en Francia en 1905, Noruega en 1906 y en Dinamarca al año siguiente. En estos casos ya era el Estado el que aportaba las subvenciones a los sindicatos y mutualidades.

El aumento considerable del paro al terminar la Gran Guerra, provocado por la crisis económica y por la vuelta de los combatientes, obligó a cambiar el sistema de atención al desempleo. Se optó por un modelo de seguro obligatorio. El Reino Unido lo adoptó ya antes, en 1911 con la *National Insurance Act*. Al terminar la contienda lo instauraron Italia, Austria. Alemania, Bulgaria y Yugoslavia. Comenzó a asegurar a los parados de los ámbitos industrial y de servicios, pero terminó por incluir a los trabajadores en paro del sector primario. El servicio era obligatorio y de carácter público, es decir, era gestionado por un organismo del Estado, y no por las mutuas y sindicatos. El servicio se financiaba a través de las cotizaciones de los empresarios y obreros, siendo el Estado el tercer contribuyente. Las prestaciones por desempleo no cubrirían el cien por cien del salario, eran temporales, y el beneficiario debía haber trabajado y cotizado durante un tiempo previo. Este modelo parecía un claro avance en relación con el primero, pero, al parecer, hay datos que permiten suponer que los niveles de cobertura de sistemas voluntarios eran similares, en las primeras épocas, a los de los modelos obligatorios.

En España se tardó más en alcanzar algún tipo de modelo de cobertura para el parado. La creación de la Comisión de Reformas Sociales en 1883 y su preocupación por investigar y elaborar informes sobre la situación laboral y social del trabajo en España, permitió que las autoridades y el parlamento comenzaran a darse cuenta de la magnitud del problema, y que la neutralidad supuesta del Estado en esta materia no podía continuar como hasta entonces. Pero costó un tiempo hasta que las instituciones públicas intervinieran. A lo sumo, durante el siglo XIX y gran parte de los primeros decenios del siglo XX, la intervención se ciñó a poner en marcha obras públicas y a contratar obreros en paro, pero sin que esto fuera realmente una solución.

El testigo en el planteamiento de reformas sociales fue tomado por el Instituto de Reformas Sociales. En este caso, fueron los conservadores, con Francisco Silvela, los que crearon este organismo, aunque hubo un frustrado intento previo de Canalejas para poner en marcha un Instituto del Trabajo. El Instituto de Reformas Sociales nació por un Decreto de 23 de mayo de 1903 como un organismo integrado en el Ministerio de la Gobernación. Sus objetivos pasaban por preparar proyectos de ley en relación con el trabajo con el fin de mejorar las condiciones laborales y de vida de los obreros, así como organizar los servicios estadísticos y de inspección para poder llevar a cabo la tarea encomendada. El Instituto se basó en la idea de la búsqueda de la armonía entre empresarios y trabajadores y debía convertirse en el instrumento del Estado en esta materia. Se organizó en diversas juntas con representantes de patronos y obreros, pero las organizaciones obreras rechazaron o ignoraron al Instituto, mientras que los empresarios desconfiaban de la creciente intervención pública en materia laboral y social. El Instituto recabó una ingente información, publicó estadísticas sobre materias laborales y sociales, así como informes sobre lo que se hacía en otros países, pero fracasó en la integración entre el capital y el trabajo, y en procurar mejoras socio–laborales para los obreros. La conflictividad social en los años previos a la Dictadura de Primo de Rivera terminó por desbordar al Instituto. Fue disuelto por un decreto de 2 de mayo de 1924, ya en tiempos de la Dictadura de Primo de Rivera.

En el año 1919 se aprobó un seguro de desempleo que se basaba en el modelo de Gante. El problema en España era presupuestario, habida cuenta de un sistema fiscal obsoleto, y de la presión de la oligarquía española contraria a las intervenciones públicas en el mundo laboral. Pero el paro en España creció mucho después de la Gran Guerra, y la conflictividad laboral llegó a límites muy altos, con el auge del sindicalismo de la CNT y la UGT. Esa presión obligó a los últimos gobiernos del sistema constitucional a tener tratar sobre el asunto. En 1922 se aprobó una partida en los Presupuestos para crear un Fondo de Paro para subvencionar a los sindicatos y mutuas para el seguro de paro, hasta que el Instituto Nacional de Previsión diseñase un modelo más acabado. El Instituto había sido creado por Eduardo Dato en 1908. En realidad, dicho Instituto tenía como objetivos gestionar la Caja de Pensión Central, difundir e inculcar la previsión popular en relación con las pensiones de retiro y administrar la mutualidad de asociados que voluntariamente se constituyera bajo su patronato.

En vísperas del final del sistema constitucional, el ministro Chapaprieta presentó un proyecto de seguro obligatorio pero que se quedó en nada por el golpe de Primo de Rivera. En conclusión, desde 1919 se sucedieron distintas iniciativas legales que no terminaban nunca de cuajar. En tiempos de Primo de Rivera hay una Orden de abril de 1928.

La situación cambió con la llegada de la República. En el propio mes de mayo de 1931 el Gobierno Provisional aprueba un decreto para crear un Servicio para el Fomento de Previsión contra el Paro involuntario del Trabajo. Este es el origen del verdadero primer seguro de desempleo en España. El modelo a seguir sería el de Gante. Se creó una Caja de subvenciones, denominada Caja Nacional contra el Paro Forzoso, el organismo encargado de suministrar las subvenciones públicas a los sindicatos y mutuas que ofreciesen el seguro de paro a sus militantes y asociados. La subvención no podía ser superior al 50 % de lo que recibían los parados, aunque el Gobierno se reservaba la posibilidad de variar este porcentaje si lo estimaba necesario. También se creó un Fondo de Solidaridad para atender los sectores laborales donde el riesgo de paro era mayor. Los fondos para esta Caja procedían de los Presupuestos del Estado, aunque también se aceptaban aportaciones de entidades públicas y privadas, así como de lo que producían los activos que administraba la Caja. El modelo era voluntario cuando ya comenzaban a imponerse los sistemas obligatorios en el resto de Europa. Los beneficiarios serían parados mayores de 16 años y menores de 65 años, y de todos los sectores productivos, incluido el agrario, menos los trabajadores y trabajadoras del servicio doméstico. Había que estar afiliado a un sindicato o pertenecer a una mutua. El parado estaba obligado a apuntarse a la bolsa de trabajo correspondiente, pudiendo perderse la prestación si se rechazaba un trabajo ofrecido en la oficina de colocación, aunque se fue algo permisivo en esta cuestión porque se aprobaron determinadas excepciones, como el cambio de residencia o de profesión, o si el salario ofrecido era menor que el que se había percibido anteriormente, o que los empleos fueran por vacantes producidas por huelga o cierre patronal.

El primer sistema español de seguro de desempleo no cubrió las expectativas por distintas razones. Este tipo de sistemas voluntarios necesitan que el nivel de asociacionismo sea alto, como ocurría en muchos países occidentales, así como de una cultura de colaboración de sindicatos y asociaciones con el Estado, algo casi inexistente en España por el enconado enfrentamiento entre los sindicatos y las autoridades desde comienzos del siglo. No olvidemos el poder de la CNT, que no se caracterizó, precisamente, por entenderse con el Estado por razones obvias, y porque este persiguió siempre con saña al anarcosindicalismo. Otra cuestión sería la UGT, más proclive a buscar compromiso y negociaciones, algo que explicaría, en parte, que este sistema fuese promovido por Largo Caballero. Pero, además, no había muchas asociaciones y mutuas en los años treinta que ofreciesen seguros de desempleo y, por tanto, susceptibles de ser subvencionados.

La política sanitaria en el primer año de la República

El director general de Sanidad durante la primera etapa de la Segunda República fue Marcelino Pascua Martínez, socialista, diputado por Las Palmas. Sabemos de su labor gracias a un exhaustivo informe que se publicó en la prensa obrera[64].

En cuestión organizativa la Dirección de Sanidad se reestructuró, teniendo en cuenta las normas de las administraciones sanitarias internacionales, en Secciones: Tuberculosis, Higiene Infantil, Higiene social y Propaganda, Ingeniería y Arquitectura Sanitaria, Higiene Alimenticia e Higiene Mental.

La Dirección de Sanidad planteaba una gran preocupación por la elevación del nivel científico médico-sanitario del país. Se pretendía crear el Consejo Superior de Investigaciones Sanitarias, y se había incorporado a la Dirección el Instituto Nacional del Cáncer con el fin de transformarlo en un organismo de alta investigación.

---

64. Hemos trabajado con el número 7234 de *El Socialista*.

Se había emprendido la tarea de elaborar un proyecto de ley orgánica de Sanidad, como base imprescindible para racionalizar la estructura sanitaria española. Se pretendía presentarlo en junio de 1932.

En el combate contra la tuberculosis, uno de los principales objetivos de esta Dirección General, y verdadera obsesión de los socialistas, habida cuenta del componente social de la misma, se había construido un hospital-sanatorio en Carabanchel Bajo, capaz para 100 enfermos, completando con 500.000 pesetas la cantidad donada para dicha obra por doña Margarita de Iturralde. Pero, además, se había instalado un preventorio infantil en San Martín de Trevejo (Cáceres), se había puesto en marcha otro infantil en el Piornal (Cáceres), cuyas obras comenzarían en breve, se habían levantado dos dispensarios antituberculosos en las ciudades de Santander y Valencia, se había instalado una enfermería para 20 tuberculosos pulmonares y dispensario anejo en Talavera de la Reina (Toledo), y se habían puesto en marcha el dispensario de Torrelavega (Santander), y el de Puericultura, anejo al preventorio de Guadarrama, para la vigilancia de lactantes separados de focos tuberculosos, y colocados en familias de campesinos, en las proximidades de dicho preventorio.

Por otro lado, se habían adjudicado 200 000 pesetas para terminar las obras del sanatorio de Sierra. Espuña (Murcia), que pasaba a ser propiedad del Estado.

Se había aprobado la subvención para que se instalaran dos enfermerías para tuberculosos en Huelva y Audazarrate (Guipúzcoa).

Y por fin, se habían creado diez dispensarios en las siguientes ciudades: Zaragoza, Santander, Salamanca, Valencia, Sevilla, Santa Cruz de Tenerife, Coruña, Oviedo, Pontevedra, Huelva, Alicante, Las Palmas, Huesca, Vitoria, Murcia, Cáceres, Córdoba, Valladolid, León y Orense.

Cada dispensario comprendía los servicios de tisiología, diagnóstico y tratamiento (en el dispensario y domiciliario), consultas infantiles, de garganta, nariz y oídos, y servicios de laboratorio y radiografía, siendo cada uno desempeñado por especialistas, y adscribiéndose asimismo enfermeras visitadoras para que, mediante investigaciones domiciliarias de focos tuberculosos, pudieran llevar nuevos enfermos al dispensario y vigilar los enfermos anteriormente inscritos y personas que con ellos convivían. Estos dispensarios estaban coordinados con centros de hospitalización y prevención (sanatorios, enfermerías, salas para tuberculosos, preventorios y sanatorios marítimos). Esta coordinación permitía establecer una selección más científica, eficaz y rápida de enfermos tuberculosos para ingresar en los establecimientos de cura y profilaxis del Estado o subvencionados por este.

En Madrid se había aumentado la dotación y los servicios de sus dispensarios, dos de ellos dedicados a la lucha contra la tuberculosis.

Se había procedido a la instalación de rayos X, lavaderos mecánicos, sala de operaciones, ropas, vajillas, etc., en el Sanatorio de Valdelatas (cercanías de Madrid), mediante una inversión de 300 000 pesetas, construyéndose un pabellón asimismo para servicios auxiliares, con lo cual había podido lograrse una ampliación de treinta camas pera enfermos tuberculosos.

También se había construido un pabellón de observación y se habían instalado los servicios de rayos X y de laboratorio en el Preventorio de San Rafael, en el que llegaba a tratarse de manera permanente a 115 niños.

Se había procedido a la ampliación en cincuenta plazas en el Preventorio infantil de Guadarrama, que anteriormente no tenía más que diez. Se había incorporado al Estado el Sanatorio de Alcohete (Guadalajara), completándose su instalación, que era insuficiente, lo que había supuesto un gasto de 50 000 pesetas.

Se había probado la subvención para el sostenimiento de doce camas en la Cesa de Salud Valdecilla (Santander).

Se había procedido a subvencionar para mejorar la instalación y funcionamiento de los dispensarios antituberculosos de Albacete, Jaca, Guadalajara, además de instalarse un dispensario en Gijón.

El Estado aumentó las consignaciones presupuestarias para los Sanatorios marítimos de Oza, Pedrosa y Malvarrosa, lo que permitirá tener mayor número de niños durante todo el año y en mejores condiciones para el tratamiento.

También se habían aprobado los créditos para que funcionase en 1931 el Sanatorio marítimo de Torremolinos, capaz para 140 niños.

Se había terminado la construcción del pabellón de niños tuberculosos del Hospital Nacional de Enfermedades infecciosas.

La Dirección general de Sanidad, además, había tenido que hacer pagos considerables de partidas en las cuentas por descubiertos del Sanatorio de Alcohete, por valor de 70 000 pesetas; Prevención de San Rafael, 15 000 pesetas y débitos a la Junta antituberculosa de Sevilla, enviándose çon dicho fin más de 30 000 pesetas y a la Junta de Zaragoza 30 000 pesetas para el Preventorio de Cabezo Cortado.

El segundo eje de actuación sanitaria fue el de la «higiene rural», es decir, la preocupación por llevar la sanidad y la prevención de las enfermedades al campo español. En este sentido se crearon quince centros de higiene rural, pensándose en que muchos de ellos debían tener filiales en las aldeas más próximas. Se pusieron en marcha en Hellín, Alcoy, Reinosa, Plasencia, Sigüenza, Jaca, Linares, Algeciras, Lorca, Talavera de la Reina, Villalón, Villafranca del Bierzo, Valdepeñas, Peñaranda de Bracamonte y en Pozo Blanco. Estaban dirigidos por oficiales sanitarios, y contaban con personal técnico necesario, y en estrecha relación con los Institutos provinciales. Estos centros tenían como función la atención de las madres y los niños hasta que alcanzasen la edad escolar, la lucha contra la tuberculosis y las enfermedades venéreas, la educación sanitaria de la población, el saneamiento de las poblaciones, los análisis clínicos, y luchas locales contra determinadas enfermedades endémicas como el paludismo, el tracoma, así como contra los accidentes.

El tercer gran objetivo de la política sanitaria de la primera Administración republicana fue la lucha contra la mortalidad infantil, un problema muy grave en la España de las primeras décadas del siglo XX. No se consiguió mucho presupuesto para esta cuestión, como reconocía el periódico socialista, unas 300 000 pesetas. En todo caso, se había creado la Sección de Higiene Infantil, como expresamos al principio, y que había dispuesto la necesidad de poner en marcha Centros de Puericultura, que pudieran servir como modelo para cuando se pudiera contar con más fondos.

La profusión de las enfermedades venéreas era otro quebradero de la medicina española, y la Segunda República no podía dejar esta cuestión sin atender. Así pues, se incluyó esta lucha a través del presupuesto asignado a Sanidad, un verdadero cambio, ya que hasta entonces la financiación de la atención médica a esta cuestión no procedía de los presupuestos públicos, sino de las exacciones a los propietarios de las casas de prostitución.

En relación con la asistencia psiquiátrica se había dado un decreto el 5 de julio de 1931 modificando la legislación anterior, considerada anticuada, para poner las bases de una reforma fundamental, necesaria y urgente en el tratamiento y prevención de las enfermedades mentales. Se había creado el Consejo Superior Psiquiátrico, esperando poder abrir el primer Dispensario de Higiene Mental en la Dehesa de la Villa.

Otros aspectos de la política sanitaria tenían que ver con la lucha contra el tracoma en el sudeste, el tráfico y consumo de estupefacientes, la aplicación de tratamientos hidro-minerales, que dejarían de ser un monopolio de «médicos privilegiados», la inspección sanitaria de viviendas y espectáculos públicos, y la incineración de los fallecidos que así lo desearan.

Victoria Kent y la reforma penitenciaria en la República

Una de las personalidades más destacadas en la historia de las reformas penitenciarias en España es, sin lugar a dudas, Victoria Kent, inspirada en las ideas de otra mujer excepcional, Concepción Arenal. En este breve artículo esbozamos las líneas generales de lo que hizo esta mujer capital en la Historia contemporánea española.

Victoria Kent fue nombrada directora general de Prisiones en el primer gobierno de la Segunda República, por decisión de Alcalá-Zamora, el 19 de abril de 1931, y ocupó esta responsabilidad hasta el año 1934[65].

Seguramente fue la primera mujer en desempeñar un cargo de este tipo en el mundo.

Victoria Kent estableció el final del carácter punitivo exclusivo de las penas, defendiendo la reeducación de los presos. En la cárcel se podía rehabilitar la persona privada de libertad para que luego pudiera regresar a la sociedad.

La nueva directora general terminó con los grilletes y cadenas en las prisiones españolas, y llegó a cerrar más de cien recintos penitenciarios por sus pésimas condiciones.

Estableció los permisos por razones familiares, mejoró la alimentación de los presos, y permitió la libertad de cultos dentro de los recintos carcelarios, en consonancia con lo dispuesto en materia religiosa en la Constitución de 1931.

Victoria Kent mandó construir la Cárcel de Mujeres de las Ventas, y creó el primer cuerpo de funcionarias de prisiones para encargarse del trabajo en las cárceles de mujeres. El Instituto de Estudios Penales

---

65. Luis Gargallo Vaamonde, *El sistema penitenciario de la Segunda República. Antes y después de Victoria Kent (1931-1936),* Gobierno de España, Secretaría General de Instituciones Penitenciarias, 2010. Y sobre Victoria Kent, M. D. Ramos, *Victoria Kent (1892-1987).* Madrid: Ediciones del Orto. 1999. También, Miguel Ángel Villena García, *Victoria Kent, una pasión republicana,* Barcelona, Debate, 2007.

fue otra de sus creaciones; para dirigirlo se nombró al eminente jurista Luis Jiménez de Asúa.

Victoria Kent se preocupó, además, de la delincuencia juvenil. Para atender este creciente problema instauró una serie de albergues para la reeducación de los chicos.

Todo este profundo y extenso trabajo reformista generó una fuerte oposición de la derecha, cuando no la más pura burla. La idea de la reeducación frente al castigo era muy moderna y no fue entendida, además de considerarse inviable por los sectores más reaccionarios.

Cuando Victoria Kent explicó la reforma penitenciaria a los estudiantes

«Odia el delito y rehabilita al delincuente».

Victoria Kent, flamante directora general de prisiones, intervino en un ciclo de conferencias organizado por la FUE en beneficio de los obreros parados a comienzos del mes de junio de 1931[66].

Victoria Kent quería tratar tres asuntos relacionados con la vida penitenciaria: el sistema de clasificación de los reclusos, el trabajo en las prisiones y la rehabilitación. No cabe duda que la nueva responsable política quería dar publicidad a los importantes cambios que quería introducir en el sistema penitenciario español, además de aprovechar para hacer pedagogía sobre la materia.

La oradora explicó que la población penal se agrupaba en prisiones centrales, en las que se tenían en cuenta la condena impuesta al delincuente y su edad. Los mismos criterios se seguían en las prisiones provisionales y en los reformatorios. Pero ella opinaba que la clasificación en función de estos dos criterios no servía para nada, siguiendo

---

66. Hemos consultado como fuente documental el número 6962 del miércoles día 3 de junio de 1931 de *El Socialista*.

las ideas de Concepción Arenal. Tampoco cabía la posibilidad de establecer una calificación moral de los presos. Por eso se preguntaba qué clasificación «progresiva» se podía emprender. Ella defendía la clasificación por el trabajo. Esta opción se basaba en que los reclusos eran personas que debían regresar a la sociedad en mejores condiciones que las que tenían cuando salieron de la misma para ingresar en prisión. Había que establecer granjas agrícolas para los reclusos que procedían del medio rural, y talleres para los obreros de la industria. Además, opinaba que si podía hacerlo no fracasaría porque, al parecer, estaba el precedente ruso.

La rehabilitación de los presos era, por lo tanto, un objetivo prioritario, y explicó que todos debían comprometerse con este principio, un aspecto importante porque podemos decir que estaba apelando a la responsabilidad social en esta materia.

El viejo lema de «odia el delito y compadece al delincuente» debía ser cambiado por el de «odia el delito y rehabilita al delincuente».

La crónica periodística aludió a los fuertes aplausos que recibió al final de su disertación, y en algunos momentos de la misma. Sin lugar a dudas, Victoria Kent estaba hablando para un auditorio progresista.

La reforma forestal

La República apostó por el fomento de la riqueza forestal misma, y especialmente por la repoblación forestal, como se puso de manifiesto con el Decreto de septiembre de 1931. La República defendía el carácter público de la propiedad forestal. El Gobierno debía proceder de forma paulatina a nacionalizar la misma, además de fomentar la repoblación. La conservación de la riqueza forestal española fue declarada de interés social, ajustada a lo que disponía esta nueva legislación[67].

---

67. El decreto ha sido consultado en el número 7056 de *El Socialista,* de 20 de septiembre de 1931.

Esa declaración de interés social ordenaba la conservación de todos los montes que en ese momento estaban incluidos en el catálogo de los de utilidad pública y de los que no estándolo habían sido exceptuados de la desamortización en concepto de dehesas boyales o montes de aprovechamiento común. Se debía proceder de forma urgente a realizar tal declaración para todos los terrenos forestales, cualesquiera que fuera su pertenencia siempre que reuniesen las siguientes características:

- Que por no ser susceptible de cultivo agrícola permanente se impusiese el forestal para sostener la fertilidad del suelo e impedir que quedase empobrecida su producción con quebranto para la economía nacional.
- Que se necesitasen mantenerlos poblados con masas forestales para sostener la estabilidad del suelo, regular en curso de las aguas superficiales, realizar la corrección de torrentes y fijación de dunas, así como las obras de defensa de márgenes, vías de comunicación y demás trabajos de utilidad pública.
- Que se hiciera precisa la permanencia en ellos del arbolado para saneamiento de las comarcas en que se radique, o que razones de higiene y salubridad aconsejasen mantenerlos poblados, en las cuencas de recepción de aguas para abastecimiento de población y en las proximidades de las grandes ciudades.
- Que estuvieran declarados parques nacionales por virtud de la ley de 7 de diciembre de 1916, o lo fueran en lo sucesivo.
- Que fuera preciso mantener las masas forestales para la defensa nacional, a juicio del Ministerio de la Guerra.
- Las masas arboladas de gran extensión en poder de particulares, las cuales deberían ser explotadas con arreglo a una responsabilidad técnica.

La declaración de interés social debía ser tomada en Consejo de Ministros, y por ella el propietario tendría la obligación de mantener los predios poblados con la vegetación forestal o de prado necesarias para sostener la producción permanente del suelo y conservar su fertilidad, procediendo a realizar las repoblaciones que para ello fueran necesarias. El incumplimiento de estas obligaciones llevaría consigo la expropiación forzosa por utilidad pública.

Tratándose de montes municipales, si el Ayuntamiento se negare a repoblarlo, lo efectuaría el Estado, incautándose del predio o parte del mismo por el tiempo necesario.

El decreto quería hacer compatible la máxima actividad en relación con la repoblación con la explotación ganadera, por lo que aquella debía obedecer a un plan general, distribuyéndola por comarcas en la zona forestal, con arreglo a planes especiales.

El Estado no emprendería por su cuenta repoblación de predio alguno que no estuviera incluido en el plan general, debiendo realizarse en terrenos que le perteneciesen de antemano o de los que se incautase según lo dispuesto en el decreto.

En los trabajos de repoblación había que estimular a la iniciativa privada con arreglo a proyectos y presupuestos aprobados. El Estado pondría a disposición de los particulares los terrenos a repoblar según las condiciones estipuladas, y transcurrido el plazo señalado para la ejecución de la repoblación, el Estado se volvería a hacer cargo de los predios abonando al contratista el importe de la obra realizada en relación con los precios previamente señalados en los proyectos correspondientes. Estas empresas que se constituyesen para estos fines tendrían beneficios legales y fiscales, ya que se quería estimular la repoblación. Por eso, no pagarían ni impuestos ni derechos de constitución y emisión.

También se facilitaría la formación de Sindicatos, Cooperativas y Asociaciones obreras dedicadas a la ejecución de trabajos forestales.

En esta misma línea estimuladora de la repoblación, el Estado eximiría del pago de impuestos a los propietarios de terrenos en repoblación durante el tiempo en que se realizasen en los mismos los trabajos de la misma.

El Estado debía dar todos tipo de facilidades en relación con semillas, plantas, custodia y defensa contra incendios y plagas, y fomentando el crédito forestal, ofreciendo préstamos a largo plazo y a bajo interés a los propietarios para poner en marcha proyectos técnicos de mejoras. El Estado debía organizar y ampliar los servicios forestales a su cargo, así como la formación y elaboración de catálogos y planes especiales.

La política repobladora y las nacionalizaciones tenían un evidente coste. Para sufragar los gastos el Estado debía recurrir a un empréstito, la Deuda Forestal con emisión de obligaciones.

La repoblación, conservación y administración del patrimonio forestal del Estado correría a cargo del Ministerio de Fomento.

El primero de Mayo

La fiesta oficial del Trabajo en 1931

El Primero de Mayo de 1931 fue extraordinario por dos razones. Se celebró a las pocas semanas de la proclamación de la República y, sobre todo, porque fue la primera celebración como fiesta oficial. Efectivamente, el gobierno provisional, a propuesta del ministro de Trabajo, Francisco Largo Caballero, había establecido el día 1 de Mayo como Fiesta oficial del Trabajo.

La celebración de 1931 fue una manifestación de alegría democrática y socialista en todo el país. En Madrid se puso en marcha pasadas las diez de la mañana. La capital estaba llena de banderas republicanas. En la cabecera de la manifestación iban del brazo el rector de la Universidad de Salamanca, Miguel Unamuno, el ministro de Trabajo, Francisco Largo Caballero, el ministro de Hacienda, Indalecio Prieto y el alcalde de la capital, Pedro Rico. También estuvieron presentes Julián Besteiro y representantes del movimiento obrero occidental y de la OIT. La seguridad corrió a cargo de las milicias socialistas, con una niña vestida de República, es decir, con el gorro frigio y una banda tricolor, mientras que una compañera iba vestida de rojo simbolizando el socialismo. Se cantó la Marsellesa y la Internacional. Se calcula que se manifestaron más de trescientas mil personas.

Cuando la cabecera de la manifestación llegó a la Presidencia de Gobierno se encontró en su balcón al presidente Niceto Alcalá-Zamora, rodeado de los ministros Albornoz, Casares Quiroga, Maura y Azaña. Una comisión presidida por Largo Caballero entró en el edificio para entregar las peticiones obreras, como se venía haciendo desde el inicio del Primero de Mayo. El documento es sumamente interesante por las propuestas presentadas: derecho al voto a los 21 años, ratificación y cumplimiento de la jornada de ocho horas, políticas para paliar el paro y contra la carestía de la vida, la construcción de casas baratas, la aprobación de una legislación a favor del cooperativismo, la reforma agraria, la repoblación forestal y una ley sobre el control sindical de las industrias. Se trataba, sin lugar a dudas, de una parte fundamental del programa político, social y económico del socialismo español.

El presidente Alcalá-Zamora se dirigió a los manifestantes resaltando la significación histórica del acto. Aludió al final del antagonismo social, a la superación del conflicto entre las reivindicaciones sociales y el poder público. Se comprometía, en la medida de las posibilidades, a atender al programa y las peticiones obreras. Largo Caballero cerró el discurso para que los manifestantes se disolvieran evitando incidentes que pudieran ser empleados por los enemigos de la República.

Las tradicionales fiestas en la Casa de Campo y la Dehesa de la Villa fueron multitudinarias.

Así pues, se siguió conmemorando como Fiesta del Trabajo durante toda la Segunda República. En los años 1932 y 1933 se celebraron manifestaciones multitudinarias. También se produjo una novedad, el intento de los comunistas de organizar manifestaciones propias al margen de las que convocaban los socialistas, pero la policía las dispersó en Madrid. También se dieron las consabidas excursiones y meriendas en la Casa de Campo y la Dehesa de la Villa.

Las reivindicaciones del movimiento obrero socialista en el primero de mayo de 1931

El PSOE y la UGT publicaron a finales de abril un Manifiesto con las reivindicaciones que defendían ante la celebración del significativo primero de mayo de 1931[68].

Efectivamente, para los socialistas españoles aquel primero de mayo tenía una significación especial. El país acababa de vivir un cambio profundo gracias a la «conciencia popular». La monarquía se había derrumbado en unas horas después de un proceso que habría comenzado en septiembre de 1923, es decir, con el golpe de Primo de Rivera, y había acabado en abril de 1931.

Las dos organizaciones querían dejar clara su responsabilidad como vigilantes del nuevo régimen republicano, que era considerado «esencialmente» suyo, tanto en su nacimiento como en su futuro desenvolvimiento, ya que debían velar por su afirmación y perfeccionamiento. Pero, sobre todo, les correspondía a ambas organizaciones dotar de contenido social a la República. De la influencia que lograran dependería la vitalidad de la República.

En el manifiesto se aludía al decreto del Gobierno Provisional, donde había tres socialistas, por el que se declaraba fiesta nacional el 1º de mayo. En consecuencia, había que organizar en cada localidad actos y manifestaciones públicas y veladas para manifestar tanto el entusiasmo como la fuerza de los socialistas.

Las peticiones que se hacían eran las siguientes:

1. Concesión del derecho al sufragio a los ciudadanos que hubieran cumplido 21 años.
2. Ratificación, sin condiciones, del Convenio de Washington sobre la jornada de ocho horas, cuyo cumplimiento debía

---

68. Hemos consultado el número 6928 de *El Socialista*.

garantizarse, así como toda la legislación social, con el nombramiento de inspectores obreros.

3. Adopción de procedimientos eficaces que tendieran a resolver la crisis de trabajo y el encarecimiento de la vida.

4. Medidas que intensificasen la construcción de casas baratas.

5. Implantación de cuantos seguros sociales tiendan a garantizar la existencia de los trabajadores de uno y otro sexo en los trances difíciles derivados de su propia condición.

6. Creación de las escuelas necesarias para todos los niños.

7. Promulgación de una ley para facilitar el desenvolvimiento de las cooperativas.

8. Establecimiento de una legislación agraria que atendiese a las siguientes cuestiones: aplicación de los beneficios de la legislación de accidentes de trabajo a los obreros agrícolas, constitución urgente de Comités Paritarios en el ámbito agrícola, modificación legal de los arriendos para que tuviesen una duración mínima de veinte años, indemnización por las mejoras introducidas por el arrendatario, y que la venta no fuera superior al interés legal del valor declarado a Hacienda, prohibición de los subarriendos, obligación del cultivo intensivo, municipalización de las tierras que, por abandono de sus dueños, llevasen si producir cuatro años, y concesión de dichas tierras en arriendo a las Sociedades de Obreros existentes en la localidad, bajo la dirección técnica que establiera el Estado, roturación de las tierras destinadas a cotos de caza y cría de ganado de lidia, creación del crédito agrícola nacional con un bajo interés de amortización a largo plazo, y reconocimiento preferente para los arrendatarios del derecho de retracto en caso de venta de las tierras dadas en arriendo, aparecería, etc.

9. Repoblación forestal.

10. Promulgación de una ley de control sindical en las industrias.

Los socialistas afirmaban que el capitalismo se encontraba en una fase de descomposición, incapaz de resolver los problemas que había generado. Se abría, por lo tanto, un momento en el mundo para que las organizaciones obreras y socialistas adquiriesen una grave responsabilidad.

El primero de mayo en las escuelas en 1931

La Dirección General de Primera Enseñanza, que llevaba Rodolfo Llopis, publicó en la *Gaceta* una circular del 27 de abril sobre la celebración del Primero de Mayo en las escuelas. En este sentido, recordemos que la República oficializó el Primero de Mayo como fiesta por vez primera en España a través de un Decreto del 22 de abril de 1931.

La Dirección General expresaba que los maestros, al anunciar en las clases dicha resolución del Gobierno, debían explicar a los alumnos su alcance y la significación del Primero de Mayo, como fecha histórica y simbólica que los trabajadores de todo el mundo habían aceptado para exteriorizar y elevar a los poderes públicos el programa de sus peticiones y reivindicaciones.

Por ese motivo los maestros podían y debían describir a los niños y niñas la evolución que a través de la Historia habían sufrido las clases trabajadoras, subrayando en ese proceso de liberación del proletariado la trascendencia que suponía para el nuevo Derecho la existencia de la Oficina Internacional del Trabajo, que había nacido y existía bajo la divisa siguiente: «Si quieres la Paz, cultiva la Justicia».

Los maestros, en fin, explicando a los niños la significación del Primero de Mayo no harían sino dar una lección en torno a la glorificación del trabajo.

Una grave responsabilidad.

Los cocineros ante el primero de mayo de 1931

En este breve apartado reflejamos la decisión que tomó el órgano paritario sobre el personal de cocina en vísperas del primero de mayo. La importancia de esta breve pieza reside en el hecho de que, una vez declarado el primero de mayo como fiesta, el movimiento obrero empleaba la organización paritaria, que sería reformada por la Segunda República, para con la patronal organizar el trabajo de un sector laboral determinado —cocineros y personal de cocina— con el fin de que los trabajadores pudieran celebrar esta fiesta, algo impensable en el pasado[69].

El Pleno de la Comisión Mixta del Trabajo en la Industria Hotelera y Cafetera de Madrid, con jurisdicción en las provincias de Toledo, Ciudad Real, Cuenca, Guadalajara, Segovia y Ávila decidió, en sesión del 29 de abril, para aclarar una nota publicada unos días antes, y que afectaba al personal de cocinas de hoteles, fondas, pensiones, casas de huéspedes, posadas, mesones, paradores, etc.., que los jefes de cocina, ayudantes, aspirantes y pinches de cocina cesarían en su trabajo el día 30 después de dejar preparados los menús para el servicio del día 1 de mayo, reintegrándose al servicio el 2 de mayo en su horario habitual.

Para realizar el trabajo extraordinario que se precisase el día 30 de abril los patronos podrían emplear más personal que el propio de la brigada, retribuido, eso sí, con el salario correspondiente a la categoría profesional de cada trabajador.

El primero de mayo en Valladolid

La celebración del Primero de Mayo de 1931 en Valladolid[70], la primera vez que fue fiesta oficial en España, contó con la presencia de Fernando

---

69. hemos trabajado con el número 6934 de *El Socialista*.

70. La crónica del acto se publicó en *El Socialista* en su número 6.936 de 3 de mayo de 1931.

de los Ríos, ministro del Gobierno Provisional y una de las figuras más sobresalientes del PSOE. Pero, además, iba acompañado por dos destacados miembros del Partido. En primer lugar, habría que citar a Manuel Albar Catalán, periodista y tipógrafo. Albar fue un personaje de primera magnitud en el socialismo aragonés, diputado por la provincia de Zaragoza, miembro del Comité Revolucionario de Madrid en 1934, director de *El Socialista* en la guerra y en el exilio, y miembro de la Comisión Ejecutiva del PSOE en el exilio. El segundo componente que estuvo en la capital castellana sería Remigio Cabello Toral, fundador de la Agrupación Socialista de Valladolid, y diputado por su ciudad.

La llegada de los tres dirigentes socialistas fue apoteósica. Una multitud los acompañó al Ayuntamiento. Fernando de los Ríos se dirigió a los manifestantes desde el balcón del Consistorio. Allí recomendó «serenidad, firmeza y dominio para recorrer el camino de la justicia y de la política social». Además, avisó que si el camino era lento lo sería en función de los obstáculos que pudieran poner los provocadores. Su discurso terminó con la siguiente frase:

«¡Castellanos: uníos para el triunfo de la libertad y de la justicia!».

Luego se celebró un mitin socialista en la Plaza de Toros. Se calcula que acudieron unas veinte mil personas. Los Coros de la Casa del Pueblo interpretaron *La Marsellesa* y *La Internacional*.

Remigio Cabello comparó la situación inicial del socialismo vallisoletano en 1909 con la del momento histórico que se estaba viviendo en 1931, recordando el esfuerzo de los compañeros en la capital castellana. También habló de la contribución de los socialistas para traer la República, estableciendo las relaciones entre republicanismo y socialismo. La República se configuraba como el cauce para la realización del fin supremo del socialismo.

Manuel Albar, por su parte, destacó el carácter festivo del Primero de Mayo y la importancia de la presión popular para derribar a la Monarquía. Albar hizo un recorrido histórico desde el inicio de la

Restauración hasta 1931, incidiendo en la pérdida de las colonias, la Semana Trágica, el Desastre de Annual con la pérdida de miles de vidas de jóvenes, el golpe de Primo de Rivera y la dictadura, calificada por el orador como infame. Albar explicó que la República había nacido como una «fuerza moral», con un espíritu nuevo frente al anterior «dominio clerical» y la «falta de pulso en la vida civil». Estando en Castilla, Albar dedicó una mención especial a los campesinos.

El tercer orador fue Fernando de los Ríos. El ministro comenzó insistiendo en la importancia del pueblo y de la soberanía. Era la primera vez que el primero tenía el poder en la Historia de España. Los nuevos representantes del pueblo iban a cambiar las estructuras españolas, porque antes había sido imposible, ya que los políticos recibían el poder del monarca. Derribada la Monarquía se habría una nueva época, una «vida nueva» para España. De los Ríos insistía en la idea de pueblo y ahora también en la de una «ambición de ideal».

Pero Fernando de los Ríos no quería eludir las dificultades que había que superar. Había que desmontar un Estado y construir otro nuevo, dos tares nada fáciles. Fernando de los Ríos vaticinaba problemas graves, como el de aumento del paro porque habría que terminar con el gasto improductivo, especialmente en la industria militar. Había que hacer una labor de pedagogía para que se entendiesen estas dificultades derivadas de un cambio de régimen tan importante, y las económicas eran evidentes (la deuda de España), algo que, por otra parte, creemos que no se valora lo suficiente a la hora de establecer los problemas a los que tuvo que hacer frente la República. Instaurar la República era de una enorme responsabilidad para el líder socialista.

Las vías constructivas pasaban por el establecimiento de un programa político socialista, que Fernando de los Ríos concretó para la España rural, habida cuenta del escenario en el que se encontraba: mejora de los seguros sociales, un cambio en la justicia en los juzgados municipales, el establecimiento de una escuela rural moderna con comedores y roperos escolares, la transformación de la estructura agraria, la prohibición de los desahucios de los colonos y cambios en los contratos de arriendo con intervención de las organizaciones campesinas, la acometida de la reforma agraria, llegándose a la expropiación de los latifundios, el rescate de los bienes comunales (recordemos que fueron desamortizados en el siglo XIX, especialmente con la desamortización de Madoz), y reforma en la administración de los ferrocarriles.

Fernando de los Ríos tenía fe en el futuro de España. Fue un discurso muy ovacionado. El acto continuó con una verdadera manifestación hasta el hotel donde las autoridades ofrecieron una comida. Después, Fernando de los Ríos y Manuel Albar regresaron a Madrid.

Los derechos políticos de las mujeres

El voto femenino como de clase según el socialismo español

Entre los artículos y columnas que se publicaron en *El Socialista* en relación con el voto femenino desde los años de la Dictadura de Primo de Rivera hasta la Segunda República con el reconocimiento constitucional del mismo, y sus posibles consecuencias, hemos encontrado un texto publicado en febrero de 1932, es decir, una vez ya aprobada la Constitución de 1931 que permite ahondar en el objetivo que se marcaron los socialistas para conquistar el voto de las mujeres, un reto[71].

Al parecer, ante el reconocimiento del derecho al sufragio femenino las derechas habían iniciado muy pronto campañas para conseguir el voto de la mujer. Para *El Socialista* el mérito de este reconocimiento era socialista, cuestión que, como sabemos, es más compleja, ya que el voto femenino que generó debate interno, aunque es incuestionable que sin el voto socialista hubiera sido imposible que se hubiera

---

71.   Hemos consultado el número 7173 de *El Socialista.*

188

aprobado este reconocimiento en el Parlamento. El artículo no cuestionaba el derecho de las fuerzas conservadoras para emprender esta campaña, pero eso debía ser estímulo para que los socialistas entendieran que había que contrarrestarla con otra propia. Los socialistas tendrían un nuevo deber, siempre según el artículo, que era orientar a la mujer para que emplease su deber «convenientemente». Sin lugar a dudas, se mantenía un evidente paternalismo en el texto, como si la mujer fuera menor de edad en cuestión de ciudadanía.

Si las derechas iban a emplear el argumento religioso («fanatismo religioso») en la mujer, los socialistas tenían otro bien distinto. El voto tendría un valor económico, de clase. Un Gobierno podía mejorar o empeorar las condiciones de vida de los hijos. Dependiendo de la orientación política de la Administración del Estado, de las Diputaciones y de los Ayuntamientos la casa donde se vivía podía ser más espaciosa e higiénica, que estuvieran satisfechas las necesidades de una familia, que la enseñanza estuviera mejor atendida, que no se cerniese el peligro de la guerra sobre los hijos. Este era, pues, el sentido que había que dar a la propaganda política femenina en favor del PSOE.

El reto socialista ante el reconocimiento del sufragio femenino en 1931

El órgano de expresión del PSOE, es decir *El Socialista,* insertó un largo comentario sobre el reconocimiento del derecho del sufragio femenino en su número del 2 de octubre de 1931, y que plantea aspectos importantes sobre el mismo[72]. No podemos olvidar que el voto de la mujer suscitó un intenso debate en las izquierdas españolas entre partidarios sin fisuras de su reconocimiento y los que sin negar ese derecho no veían adecuado el momento porque pensaban que podía peligrar la

---

72.   Hemos consultado el número 7066 de *El Socialista.*

República, ya que determinados sectores y personajes opinaban que sobre la mujer española pesaba el poderoso influjo de la Iglesia. El PSOE no se vio ajeno a esta polémica, aunque, al final votó a favor, un voto necesario para sacar adelante este reconocimiento en el proyecto constitucional, dado que era la principal minoría parlamentaria. En este comentario podremos comprobar la ambivalente postura socialista ante el voto femenino. Por un lado, era un deber de justicia que el Partido no podía dejar de apoyar, pero se sentía que era una medida que, en un plazo no muy lejano, es decir, cuando hubiera elecciones, podría perjudicarle, y eso debía espolear al mismo porque se había duplicado el censo electoral.

La crónica comenzaba aludiendo al comentario que, al parecer, había realizado un diputado de la minoría vasco-navarra cercano al carlismo que se había dirigido a los socialistas afirmando que habían votado con ellos en relación con el sufragio femenino. El periódico se preguntaba si lo que se consideraba la «caverna» se estaba acercando a las ideas socialistas. No podía ser así. Si los socialistas habían votado a favor sin hacer cálculos sobre si esa decisión perjudicaba o no para las próximas elecciones, la minoría aludida sí habría realizado cálculos como otros grupos en las Cortes, especialmente la minoría radical. En este sentido, el periódico hablaba de cómo en el seno del Partido había habido quienes se oponían al reconocimiento de este derecho (se aludía a una «Agrupación Socialista del Norte») porque los argumentos recordaban a los de una parte de la derecha, y tenían que ver con el poder de la Iglesia sobre las mujeres, mucho más numerosas que las mujeres trabajadoras. El propio periódico decía que, habiendo ganado en la votación, se había perdido en realidad, porque opinaba que la mujer emplearía ese derecho en contra de quienes lo habían defendido y votado en las Cortes. Había que esperar a nuevas generaciones de mujeres, con más conciencia política.

Ante el reconocimiento del voto a las mujeres, y según este análisis, los socialistas adquirirían una responsabilidad política, partiendo de cierta autocrítica. El socialismo español no habría abandonado a la mujer obrera a su suerte, en alusión a la lucha a favor de todos los trabajadores, independientemente de su sexo, pero era cierto que no había desarrollado una labor de consejo a la misma, en un comentario con un evidente tono paternalista, y no lo había hecho porque no había sido necesario, ya que no había podido votar hasta entonces. Pero ahora el voto de la mujer era fundamental, era necesaria su cooperación, y que se incorporara al Partido. Este era el objetivo y lo que debía sacarse de la concesión del voto. Era un objetivo urgente para las próximas elecciones, porque había que ganarlas.

El diputado Andrés Ovejero en el debate sobre el sufragio femenino en 1931

El catedrático y diputado socialista Andrés Ovejero intervino en el debate sobre el reconocimiento del sufragio femenino en las Cortes Constituyentes de 1931[73].

Ovejero expuso tanto su opinión personal como la posición de la minoría socialista el 1 de octubre, el día histórico en el que se aprobó dicho reconocimiento.

Ovejero explicó que personalmente hubiera pedido el voto no para todas las mujeres, sino para las trabajadoras, según lo dispuesto en el primer artículo de la Constitución, refiriéndose al hecho de que España quedaba constituida como una república democrática de trabajadores de toda clase.

Aludió a la concesión de la condición de ser elegidas las mujeres por parte del Gobierno Provisional para las elecciones de Cortes Cons-

---

73. Sobre Ovejero podemos consultar el *Diccionario Biográfico del Socialismo Español,* donde se incluye la bibliografía actual sobre el mismo, interesándonos especialmente el libro de Aurelio Martín-Nájera sobre el grupo parlamentario socialista. Por otra parte, debemos consultar el número 7066 de *El Socialista.*

tituyentes. Para el diputado la representación femenina en las Cortes era brillante, lo que le había convencido de la necesidad de aprobar el derecho al voto.

El grupo socialista iba a votar a favor de este reconocimiento. Ovejero explicaba que se comprendía la postura contraria de los radical-socialistas porque, siempre según nuestro protagonista, habían considerado los riesgos que se contraían con este reconocimiento, a las puertas del poder, seguramente en alusión al miedo de que ese voto femenino estuviera influido por la Iglesia e hiciera perder a los republicanos en unas elecciones. Pero los socialistas no tenían ese problema de la inminencia, siempre según Ovejero, ya que estaban acostumbrados a esperar a que llegase su hora. Al PSOE no le importaba, en su opinión, tener menos diputados en las próximas elecciones, idea que, en realidad, estaba en sintonía con esa parte de los republicanos de izquierdas sobre el sentido del voto femenino. Por otro lado, la afirmación sobre la poca importancia que daban los socialistas a la pérdida de votos, provocó rumores en la cámara, seguramente porque muchos diputados no se la creyeron.

El diputado siguió explicando el trabajo realizado por los socialistas, en su momento, defendiendo el sufragio universal, aunque fuera en una época en la que los trabajadores se encontraban en una situación propicia para la manipulación, en clara alusión a las tácticas caciquiles y el fraude electoral propios de la Restauración. Pero eso no importaba porque los socialistas, siguiendo el mismo argumento sobre el voto femenino, sabrían esperar para convertir las derrotas en futuras victorias.

Los socialistas buscaban emancipar a las mujeres para llamarlas compañeras en las Cortes, en aras del triunfo del socialismo.

Mujeres republicanas

Avanzando el siglo XX algunas de las más destacadas intelectuales y feministas españoles también se dedicaron a la causa política republicana. Entre ellas, destacaron, sin lugar a dudas, Clara Campoamor[74] y Victoria Kent. La primera estuvo cerca en un principio del socialismo, dando conferencias en la Casa del Pueblo de Madrid y llegando a prologar la obra feminista socialista más importante de las primeras décadas del pasado siglo, es decir, el libro Feminismo Socialista de María Cambrils, pero nunca militó ni en el Partido Socialista ni en la UGT. En 1929 formaría parte del comité organizador de la Agrupación Liberal Socialista, junto con Matilde Huici, una organización que no terminaría de cuajar. Después estaría en los inicios de Acción Republicana, pero terminó por pertenecer al Partido Radical. En lo que sí se distinguió fue en la defensa de algunos de los implicados después de la rebelión de Jaca y en el proceso conta el Comité revolucionario. Campoamor sería elegida por la circunscripción de Madrid en las elecciones generales de 1931. Debemos recordar que las mujeres podían ser elegidas, pero no votar. Tuvo, como es sabido, un destacado papel en las Cortes Constituyentes, siendo la gran defensora del reconocimiento del derecho al sufragio. Su propio Partido, en cambio, no se distinguió, precisamente, en esta conquista.

En noviembre de 1931 creó la Unión Republicana Femenina, organización que pretendía promover campañas para que las mujeres asumieran sus deberes cívicos en favor de la República, organizando actividades culturales y de signo pedagógico político. En las elecciones de 1933 no pudo renovar su escaño, pero se le encargó la responsabilidad de ser directora general de Beneficencia y Asistencia Social desde diciembre de ese año hasta octubre de 1934. Precisamente, cuando el

---

74. Concha Fagoaga y Paloma Saavedra, *Clara Campoamor, la sufragista española,* Madrid. Instituto de la Mujer, 2006.

Partido Radical comenzó a gobernar con la CEDA, Campoamor decidió romper con el radicalismo, desengañada por la fuerte represión de la Revolución de Asturias. Así se lo hizo saber a Lerroux en una carta en febrero de 1935. En julio de ese mismo año intentó ingresar en Izquierda Republicana, pero se le negó su entrada, seguramente como represalia por su abandono de Acción Republicana en su día. Tampoco pudo estar en el Frente Popular.

La militancia republicana de Victoria Kent comenzó al afiliarse al Partido Republicano Radical–Socialista, fundado, liderado por Marcelino Domingo y por Álvaro de Albornoz, al que defendió en el brillantemente en el Consejo de Guerra al que fue sometido el 20 de marzo de 1931 por el delito de sublevación para la rebelión militar por haber participado en los movimientos para terminar con la Monarquía.

Fue elegida en las elecciones a las Cortes Constituyentes en junio de 1931, siendo muy activa en las discusiones sobre el proyecto constitucional. Aunque Victoria Kent era una reconocida feminista se mostró contraria al reconocimiento constitucional del derecho al sufragio femenino porque compartía la teoría de una parte del republicanismo español de que la mujer española seguía fuertemente influenciada por la Iglesia, por lo que defendió que el reconocimiento de este derecho fuera aplazado, aunque eso fuera a costa de renunciar a un principio en un ejercicio de pragmatismo político. La polémica con Clara Campoamor tuvo ya en su momento una gran repercusión, ya que Campoamor consideraba que la madurez política se alcanzaba ejerciendo todos los derechos.

Victoria Kent tuvo un destacado papel en la Administración de la Segunda República al hacerse cargo de la Dirección General de Prisiones, donde estuvo unos catorce meses, desarrollando una intensísima labor reformista que ha pasado a la Historia por su defensa del proceso rehabilitador frente al exclusivo punitivo de las penas y las cárceles, siguiendo la estela de Concepción Arenal.

Pero algunos aspectos de su reformismo terminaron por chocar con el Gobierno, especialmente sus deseos de depurar al personal penitenciario por considerar que muchos de sus componentes no eran reformistas. Fernando de los Ríos no estaba ya en el Ministerio de Justicia, y su sucesor, Álvaro de Albornoz, a pesar de ser compañero de partido de Kent y su antiguo defendido, se alarmó de estas propuestas porque podían suponer conflictos, y tampoco Azaña estuvo muy por la labor, al considerar que la reformadora era demasiado humanitaria, podía generar indisciplina en las cárceles y que no contaría con apoyo social para los cambios. Victoria Kent decidió, en consecuencia, dimitir.

Los derechos de las mujeres según Matilde Huici en diciembre de 1931

Una vez aprobada la Constitución, en el mismo diciembre de 1931, la destacada intelectual Matilde Huici[75], a la que llevamos un tiempo estudiando su participación política en el seno del socialismo, impartió una conferencia en el Círculo Socialista del Norte (Madrid) sobre los derechos de la mujer, en relación con el sufragio, es decir, con el momento político y con el valor de la aportación femenina a la vida social[76].

La mujer tendría los mismos deberes que el hombre, pero también idénticos derechos. Y entre estos derechos estaría el de pensar y el derecho a opinar, sentenció.

Tradicionalmente, y siempre según la conferenciante, la mujer había estado apartada de la vida social, siendo el hombre el principal factor que explicaría esta situación, ya que había decidido no escucharla.

---

75. Hemos consultado el número 7135 de *El Socialista*.

76. Sobre Matilde Huici, María Nieves San Martin Montilla, *Matilde Huici, la tercera mujer,* Madrid, Narcea Ediciones, 2009, y Ángel García Sanz Marcotegui, *Una «intelectual moderna» socialista,* Universidad Pública de Navarra, 2010.

Como buena socialista habló de la propiedad y del régimen familiar, asegurando que el socialismo tenía la obligación de enseñar a las masas para que hombres y mujeres pudieran conquistar unidos la sociedad para crear nuevas normas y sistemas diferentes, es decir, una sociedad alternativa.

Huici no dejó de hablar del tema que siempre salía en relación con el voto de la mujer en la República en el seno de la izquierda. Nos referimos al hecho de que la República podía peligrar con el reconocimiento del sufragio femenino por la supuesta influencia de los confesionarios. Pero ese peligro se conjuraría si los que pensaban así se dedicaran a escuchar a las mujeres comprendiendo y compartiendo sus inquietudes.

Las cuestiones religiosas en la Segunda República

El conflicto religioso en la llegada de la Segunda República

La proclamación de la Segunda República en España en abril del año 1931 supuso la llegada al poder de los republicanos y socialistas que, en materia religiosa, propugnaban la secularización del Estado en un nivel infinitamente más claro y contundente que el que habían apuntado algunas políticas de los sectores liberales más laicos del sistema de la Restauración, como pudo intentar en su momento Canalejas. Los republicanos y los socialistas consideraban que la Iglesia había sido un sostén fundamental del sistema derribado y eso debía terminar. En efecto, desde que la Iglesia y el Estado se habían reconciliado en la Década Moderada con el Concordato de 1851, aquella no había dejado de recuperar terreno, influencia y poder. El Sexenio Democrático, a pesar de su tendencia laica, no había podido con ese poder y no le había dado tiempo tampoco a emprender cambios importantes. La Restauración canovista supuso una nueva época dorada para la Iglesia, que se identificó claramente con los intereses de la oligarquía que gobernó España desde 1875[77].

La Constitución de 1876 consagró la vuelta al Estado confesional. La religión católica, apostólica y romana sería la del Estado, y la nación se obligaba a mantener el culto y sus ministros, como expresaba el artículo 11. En compensación, nadie sería molestado en España por sus opiniones religiosas, ni por el ejercicio de su culto respectivo. Pero esta aparente tolerancia era muy limitada, ya que las otras confesiones no podrían ir contra los principios de la moral cristiana, y no podrían desarrollarse en público. Este artículo desencadenó una intensa polémica. La Iglesia Católica pretendía regresar a la situación de la época isabelina sin tolerancia alguna hacia otras confesiones. En esto, como en varias cuestiones, Cánovas, aunque profundamente conservador, intentó poner en práctica un cierto equilibrio entre los principios del liberalismo moderado del reinado de Isabel II y las conquistas del liberalismo más progresista y democrático del Sexenio. En este sentido, al menos, se terminó con las dificultades que la minoría protestante española había sufrido durante el pasado, y que habían generado tensiones en la política exterior española, especialmente con Inglaterra.

En el último cuarto del siglo XIX, el clero regular experimentó una clara recuperación, después de lo que había sufrido en el proceso de la revolución liberal. Las órdenes religiosas vivieron una época de expansión, potenciada además por la llegada de religiosos de las órdenes disueltas por la III República francesa donde el conflicto entre el Estado y la Iglesia fue intenso. Se abrieron muchos centros educativos, de beneficencia, noviciados y conventos por toda España, potenciando como reacción, un recrudecimiento del secular anticlericalismo

---

77. Sobre las cuestiones religiosas en la Segunda República: Concha García Prous y José Giménez Martínez de Carvajal, *Relaciones Iglesia-Estado en la Segunda República Española*, Publicaciones Obra Social y Cultural Caja Sur, 1996; Francisco Martí Gilabert, *Política religiosa de la Segunda República Española*, Ediciones de la Universidad de Navarra, 1998; Antonio Manuel Moral Roncal, *La cuestión religiosa en la Segunda República. Iglesia y carlismo*, Madrid, Biblioteca Nueva, 2009; Paul Aubert (ed.), *Religión y sociedad en España (siglos XIX y XX)*, Madrid, Casa de Velázquez, 2027 y Cayetano Núñez Rivero, *La Iglesia y la Política Española. 1931-1978*, Madrid, Dykinson, 2017.

político, intelectual y popular. Por otro lado, la Iglesia siempre se opuso de forma tajante, empleando ya hasta medios modernos como movilizaciones, a los intentos liberales de limitar su poder o establecer medidas secularizadoras. El caso más evidente tuvo que ver con todo lo relacionado con la conocida Ley del Candado.

Este sentir de la Iglesia se mantuvo cuando cambió el régimen. La Iglesia no estaba dispuesta a perder ninguno de sus derechos y privilegios, y se opuso constantemente, con algunas excepciones entre sus miembros, a todas las políticas y decisiones que el nuevo poder republicano aprobó en materia religiosa. Pero también es cierto que las nuevas autoridades tampoco estaban dispuestas a negociar nada porque siempre consideraron a la Iglesia un enemigo muy poderoso y hostil. Ni tan siquiera se pensó en dosificar las medidas y los cambios; a lo sumo, el sector más conservador del republicanismo, representado por Alcalá-Zamora y Maura, intentó no extremar la separación entre la Iglesia y el Estado, pero con nulo éxito, dada su debilidad política. En todo caso, las posturas estaban tan claras y enfrentadas, y la voluntad de ambas partes para negociar fue siempre tan escasa, que el conflicto estaba servido.

Para entender dicho enfrentamiento deben conocerse algunos aspectos relativos a la religión y a la institución eclesiástica en la sociedad española, un aspecto que se obvia con frecuencia a la hora de abordar los conflictos religiosos de los años treinta. También parece necesario conocer la diversidad de las posturas críticas hacia la Iglesia.

Es evidente que la mayoría de los españoles era católica en el año 1931, pero esta afirmación esconde una realidad más compleja. La práctica religiosa se había hecho mucho más ligera o tibia desde finales del siglo anterior. La Iglesia española no hizo mucho por entender los cambios sociológicos en España, y se aferró claramente a sus posturas ortodoxas y vinculadas con el poder y la Monarquía. Solamente el sindicalismo católico fue la apuesta más moderna de la Iglesia para acercarse al mundo laboral, aunque es evidente que para intentar no perder influencia y en clara vinculación con la patronal. La Iglesia llegó a 1931 con un gran poder político, social, económico y educativo. Pero, es más, no podemos olvidar que el número de personas vinculadas estrechamente a la Iglesia, es decir, los miembros del clero, era altísimo. España era el segundo país, después de Italia, con más sacerdotes y religiosos del mundo, y que dependían, en gran medida del erario público, además de las aportaciones de los fieles y de un renacido patrimonio propio.

En realidad, el mayor poder de la Iglesia no era el económico porque, además, aunque era evidente la recuperación de parte de su patrimonio nunca pudo llegar a alcanzar el que tuvo en el Antiguo Régimen. El poder real era el que ejercía en la política y en la sociedad. La Iglesia estaba imbricada en el aparato estatal y en los mecanismos del poder no institucional. El caso más evidente de esto último estaba en el ámbito rural. El párroco era una figura fundamental junto con el cacique. Su influencia podía ser mayor que la que ejercían las autoridades municipales. Aunque la Constitución de 1876 estableció la tolerancia de cultos, no se podían ejercer públicamente, y la Iglesia se encargó con notable éxito para que la presión social sobre otras confesiones fuera asfixiante. Las Fuerzas Armadas eran organismos confesionales y era casi imposible ser militar y no ser católico. El poder eclesiástico sobre la educación era completo. En primer lugar, porque se hizo cargo de muchos centros educativos, especialmente a través de las Órdenes religiosas, que educaron y conformaron la ideología de las clases dominantes españolas, pero también ejerciendo un control ideológico sobre la enseñanza en general. Otro de los pilares del poder eclesiástico era el moral. Para ello se apoyó en la mayoría social católica y en un entramado muy bien organizado de instituciones culturales, periódicos y revistas, obras piadosas y de caridad, el nuevo sindicalismo católico, las escuelas católicas y organizaciones que podían movilizar a los fieles cuando algunos gobernantes intentaban aprobar medidas de separación entre la Iglesia y el Estado. Canalejas, como apuntábamos más arriba, sufrió este tipo de movilizaciones.

Pero frente a este innegable poder, el anticlericalismo en España experimentó un poderoso auge desde comienzos del siglo XX. Las clases trabajadoras urbanas se habían alejado casi completamente de la Iglesia. El laicismo y el abierto anticlericalismo habían calado en el proletariado donde las influencia ideológicas anarquista y socialista eran evidente, pero también cobraba fuerza en los sectores progresistas de la pequeña burguesía. La mayoría de los intelectuales, por su parte, en un momento de esplendor de la cultura española, estaba muy lejos de lo que representaba la Iglesia, especialmente desde el conflicto religioso que terminó desembocando en la creación de la Institución Libre de Enseñanza. El anticlericalismo español era heterogéneo, como ya podemos sospechar por lo expuesto en el párrafo anterior.

El anticlericalismo de los intelectuales y políticos reformistas del ámbito republicano y de gran parte del socialista buscaba cambios profundos, pero desde la legalidad, desde las reformas que separasen la Iglesia del Estado sin concesión alguna, pero respetando el hecho religioso y la libertad de conciencia. El anticlericalismo más popular apelaba a un odio casi visceral contra el clero, contra todo lo que representaba la Iglesia y la religión porque se vinculaban con el poder político y económico, como una faceta más de la lucha de clases. Parte del movimiento obrero alentó este tipo de anticlericalismo, que terminó por protagonizar hechos tan violentos como los que se produjeron en 1909 en la Semana Trágica, y en los inicios de la vida de la República, en mayo de 1931 con la quema de conventos, continuando con la explosión violenta contra el clero al estallar la Guerra Civil.

Los socialistas y la relación entre el Gobierno Provisional y la Iglesia

El Gobierno Provisional de la República requirió, al poco de constituirse, que las autoridades religiosas ordenasen a los sacerdotes que en el púlpito se limitasen a cumplir con sus deberes religiosos, es decir que no hicieran política en las iglesias[78].

Los socialistas aplaudían la decisión del Gobierno, y opinaban que la misma contaba con el apoyo de la mayoría del país. Y eso era así porque pensaban la Iglesia venía ejerciendo una influencia decisiva en la política.

A mismo tiempo que se sufría la tiranía de la Monarquía y de su «camarilla de aristócratas, vagos y degenerados», seres perjudiciales para la sociedad, se padecía la de la Iglesia. En el ámbito rural los ciudadanos de ideas liberales no podían manifestarlas porque eran perseguidos.

En los establecimientos sanitarios las religiosas atormentaban a los enfermos que se resistían a las prácticas religiosas. La escuela también estaba dominada por la Iglesia. En conclusión, el daño ejercido a España había sido mayúsculo.

El artículo de *El Socialista* donde se emitía esta opinión se hablaba de que los socialistas no creían en ninguna religión, aunque respetaban todas. Los socialistas siempre habían emprendido campañas donde se distinguía claramente entre el «fanatismo zafio, grosero, incivil», propio de las derechas españolas, y las creencias religiosas.

El Estado no podía ser religioso ni «arreligioso», tenía que ser laico y civil. Debía respetar por igual las conciencias de todos los españoles, y en la escuela la de los niños y las ideas de sus padres. También debía ser laica la beneficencia.

El momento para hacer todo eso habría llegado.

---

78. Hemos consultado el número 6925 de *El Socialista*.

Sobre la quema de conventos en clave marxista

En el número de abril de 1936 en la revista *Leviatán,* dirigida por Luis Araquistáin, se realizó un análisis marxista sobre el anticlericalismo español, en la sección de «Glosas del Mes», con el título de «La Iglesia y la lucha de clases».

El trabajo comenzaba planteando que las quemas de conventos e iglesias en 1931 y a raíz del triunfo electoral del Frente Popular en febrero de 1936 eran interpretadas por parte de las derechas como actos promovidos por los «partidos marxistas». Los actos de mayo de 1931 eran vinculados a la implantación de la República, dando a entender en ambos casos, que el régimen republicano venía a ser consustancial con el «desenfrenado libertinaje» de las masas, con la supuesta desidia de las autoridades republicanas para frenar los hechos.

Pero la primera objeción que había que ofrecer era que la manía pirómana no había nacido con la República ni en el siglo XX, y como segunda objeción, y fundamental en este análisis, dicha manía nada tenía que ver con el marxismo.

Los incendios de edificios religiosos constituían una tradición secular en la historia española y eran independientes de los regímenes políticos, siendo eran anteriores a las ideologías y partidos existentes en tiempos de la Segunda República. La explicación, y en una clara línea marxista, habría que buscarla por «debajo de la superestructura política», en la organización social española tradicional, en las relaciones de dominio de unas clases sobre otras. El artículo recordaba los incendios de 1909 en la conocida como Semana Trágica, y entonces no existía República en España, por lo que ni el libertinaje ni la connivencia de las autoridades podía esgrimirse en ese caso. Eso mismo habría pasado en 1834 y 1835. El siglo XIX español se caracterizaría por un anticlericalismo tan violento que el Estado monárquico se vio compelido en 1835 a disolver casi todas las órdenes religiosas, expulsar a sus miembros y expropiar sus bienes. Esa decisión afectó a casi dos mil conventos y monasterios, frente a lo que habría hecho la Segunda República que solamente se había atrevido a disolver la Compañía de Jesús, sin expulsar a sus miembros, que se habrían quedado en el país y continuado funcionando, de forma ilegal, como orden religiosa, ejerciendo la enseñanza bajo testaferros, siguiendo influyendo en la sociedad y en la política españolas.

Si la legislación anticlerical de la República había sido obra del marxismo, como explicaban las derechas, marxista habría sido Carlos III que, en 1767, expulsó a los jesuitas, incautándose de sus bienes. Si en tiempos de la República se hubiera hecho eso se tacharía de persecución monstruosa, pero en el siglo XVIII nadie había rechistado. Como estaba por escribirse la historia de la lucha de clases en España no le era difícil a la prensa católica hacer creer a los «ignorantes y cándidos» lectores que los incendios e las iglesias eran obra de los marxistas, obviando la larga historia de los incendios y de las matanzas de religiosos que solían acompañar ese vandalismo pirómano.

Pero el marxismo no quería que se quemaran templos y edificios religiosos, sino conservarlos como centros de enseñanza, clubs obreros, asambleas políticas o para usos culturales y para la convivencia social, como se habría hecho en México y Rusia. El marxismo era ajeno al vandalismo popular. El mismo se explicaría si se aplicaba el método de la lucha de clases. Toda violencia colectiva contra determinadas instituciones o grupos sociales sería una manifestación de protesta, rebeldía o justicia histórica contra los abusos de una clase dominante representada por esos grupos o instituciones. El odio más que secular del pueblo al clero, sin que, eso fuera contradictorio con una «religiosidad acendrada», existía porque ese clero personificaba la clase dominante como poder político en el pasado o porque actuaba como auxiliar del capitalismo más en el presente.

La Iglesia española había sido tradicionalmente una gran potencia social, que habría avasallado económica y políticamente al pueblo, suscitando un intenso resentimiento contra sus representantes. Ese resentimiento habría derivado en violencia. El anticlericalismo español sería una variante específica española de la lucha de clases. No se trataba del fruto de un psicología o cultura anacrónicas, incompatibles con la modernidad. Esa interpretación obviaba el papel de la Iglesia española en la historia, y lo que seguía siendo, es decir, una institución de poder económico y político de clase, de dominio del pueblo. El clero seguía tomando parte, como aliado o auxiliar de la burguesía y de la no aún desaparecida aristocracia, en la política del día, en las luchas de clases existentes. Una Iglesia en llamas era un acto antieconómico y antisocial y más en un país como España tan pobre en edificios para la enseñanza y para todo tipo de servicios públicos. Pero era la expresión tardía de una «lejana lucha de clases» frente a un clero prepotente hacia el pueblo. Dicha lucha de clases no se habría extinguido como lo probarían los incendios, pero también por la beligerancia eclesiástica.

Pero la solución parecía fácil: disolución de todas las órdenes religiosas, expropiación de los bienes, y que sus edificios se dedicasen a los servicios públicos. No parecía que existiese otra solución porque la neutralidad de la Iglesia, o su apartamiento de la lucha de clases, parecía imposible. Para «salvar las iglesias no hay más remedio que expulsar de ellas a la Iglesia».

El decreto de libertad religiosa en las escuelas en mayo de 1931

Una de las primeras disposiciones que aprobó el Gobierno Provisional sobre la separación entre el Estado y la Iglesia fue el decreto del 6 de mayo de ese año sobre libertad religiosa en las escuelas, en un mes intenso en la historia de las relaciones entre ambas instituciones, y del anticlericalismo violento, entre la Carta Pastoral contra la República del cardenal Segura y la quema de conventos[79].

Uno de los postulados de República, como establecía el preámbulo del decreto, era la libertad religiosa. Se reconocía que con el Decreto que se aprobaba España se situaba en el plano moral y civil de las democracias europeas, y de las americanas, que se habían anticipado en el establecimiento del régimen republicano.

El decreto se condensaría, en realidad, en esta frase:

«Libertad religiosa es en la escuela respeto a la conciencia del niño y del maestro».

El Gobierno Provisional reconocía que correspondería a las Cortes Constituyentes resolver sobre las estructuras del Estado, la delimitación de los poderes y las orientaciones de la enseñanza, pero el mismo Gobierno asumía una responsabilidad, y en el sentido de que consideraba que no invadía las funciones del poder legislativo, cuando procuraba que España dejase de ser una excepción, haciendo que en la escuela española hubiera libertad absoluta en relación con la enseñanza religiosa.

Así pues, se disponía lo siguiente:

- La enseñanza religiosa dejaba de ser obligatoria en las escuelas primarias, y en todos los centros dependientes del Ministerio de Instrucción Pública, por lo que interpretamos que el fin de la obligatoriedad de la enseñanza religiosa se extendía a los demás niveles educativos.
- Se garantizaba la enseñanza religiosa para los alumnos cuyos padres así lo deseasen, en la misma forma que se había impartido hasta ese momento, es decir, que la enseñanza religiosa no se desterraba del sistema educativo.
- En caso de que un maestro manifestase no querer dar esta

____

79. Hemos consultado el número 6941 de *El Socialista*, de 9 de mayo de 1931.

enseñanza, se le confiaría a los sacerdotes que voluntaria y gratuitamente quisieran encargarse de ella, en horas fijadas con el maestro. Este punto garantizaba la libertad de conciencia para el docente, y la enseñanza religiosa para el alumno cuyos padres así lo desearan. No deja de ser interesante que la República mejorase, en cierta medida, la propia enseñanza religiosa católica en la escuela pública en España, al liberar a los maestros que no querían impartirla por no profesar dicha religión o no profesar ninguna, y que, a buen seguro serían muy malos enseñantes de una asignatura en la que no creían, confiándola a los sacerdotes que, lógicamente, más sabían y más empeño tendrían en enseñar la doctrina católica.

Volney Conde-Pelayo y la libertad religiosa en la escuela en 1931

Volney Conde–Pelayo Urraza (1889–1972) fue hijo del conocido como médico de los pobres de Portugalete[80]. Ganó la plaza de bibliotecario de la Biblioteca Municipal de Bilbao, en cuya Agrupación Socialista ingresaría. En la guerra tuvo responsabilidades en relación con los Archivos, Bibliotecas y Bellas Artes en Euskadi, siendo perseguido y encerrado en distintos campos de concentración al terminar la guerra. Escribió algunas obras, como *Artículos marxistas: vida y teorías de Marx* (1931). Conde–Pelayo contribuyó con artículos en *El Socialista*. En uno de ellos opinaba del recientemente aprobado decreto sobre libertad religiosa en las escuelas.

Conde-Pelayo escribió el artículo ante la comprobación por su parte de la resistencia pasiva «jesuítica» de algunos maestros al decreto

---

80. Hemos consultado el número 6942 de *El Socialista*, de 10 de mayo de 1931. Sobre nuestro protagonista es imprescindible acercarse al *Diccionario Biográfico del Socialismo Español*.

mencionado. Para ellos recordaba lo que era la libertad religiosa como la facultad que tenía el hombre de vivir sin estar sometido a las prácticas ni enseñanzas religiosas en ningún centro oficial del Estado. El artículo tiene un evidente carácter pedagógico, unido a otro de fuerte crítica.

La libertad religiosa significaba que las cuestiones religiosas se circunscribirían al libre ejercicio religioso en el hogar, en lugares públicos o en las «corporaciones de carácter privado», pero sin que el Estado ni sus funcionarios impusieran la enseñanza de una religión determinada fuera la que fuese.

Conde-Pelayo apelaba al propio Cervantes en el Quijote para recordar a los enemigos de la libertad de conciencia lo que era esta. Nuestro autor dedicaba, además, en su trabajo, fuertes críticas no solo a la imposición de la religión a los niños sino hasta la forma de enseñanza de la misma, ya que se les obligaba a aprender de memoria «absurdos de los dogmas», y en perjuicio de otros saberes o conocimientos sobre higiene y cultura general. El resto del artículo constituía una fortísima crítica contra la Iglesia y en favor de los maestros que, en opinión de nuestro autor, habían sido perseguidos por los católicos.

La República frente a los jesuitas

La Compañía de Jesús ha sufrido diversas expulsiones y disoluciones en la Historia de España y en la de otros países católicos. La más conocida fue la expulsión en plena época del despotismo ilustrado, con el decreto de 3 de abril de 1767, firmado por Carlos III. El papa disolvería la Compañía en 1773. Detrás de la expulsión del siglo XVIII estarían las teorías regalistas y absolutistas que no toleraban la existencia de una Compañía tan poderosa como la de los jesuitas, de obediencia papal, un verdadero Estado dentro del Estado.

La Compañía fue restablecida en España en tiempos de Fernando VII, después de que lo hiciera el papa Pío VII en 1814. Este hecho enconó la enemistad de los liberales hacia los jesuitas, que suprimieron la orden en el Trienio Liberal (1820) y luego en la Regencia de María Cristina. En 1852 se restableció el Colegio de Loyola para misioneros de Ultramar. Pero la Revolución de 1868 volvió a enfrentarse a la Compañía. El Gobierno provisional decretó su supresión en octubre de 1868. La Restauración supuso el período más largo y fructífero para los jesuitas en la España del siglo XIX, prorrogado con el reinado de Alfonso XIII y la Dictadura de Primo de Rivera.

No cabe duda que la historia de las expulsiones de los jesuitas en la época contemporánea debe enmarcarse en el conflicto entre el laicismo y el anticlericalismo del liberalismo progresista y, posteriormente de las izquierdas y la defensa de la vinculación de la religión con el Estado, promovida por los sectores más conservadores del liberalismo, así como por los carlistas, tradicionalistas e integristas. Este conflicto culminaría en la Segunda República, el único régimen político español que ha establecido la completa separación entre la Iglesia y el Estado.

El artículo 26 de la Constitución de 1931, entre otras cuestiones relativas a la Iglesia y la religión, declaraba suprimidas aquellas órdenes religiosas que en sus estatutos incluyeran el voto de obediencia a una autoridad distinta de la legítima del Estado. Sus bienes debían ser nacionalizados y dedicados a fines benéficos y docentes. Era evidente que este punto afectaba directamente a los jesuitas por su voto de obediencia al Vaticano. Los republicanos y los socialistas consideraban que la Compañía de Jesús era uno de los puntales más activos del poder de la Iglesia, especialmente en materia educativa, considerada esta actividad como proselitismo. Pero, además, se ponía en la práctica el ideario del anticlericalismo español, que contemplaba a la Iglesia como defensora de las clases sociales elevadas y del orden injusto impuesto secularmente por las mismas en España.

Así pues, se procedió a su disolución, siguiendo lo marcado por el texto constitucional. El decreto no tardó en llegar, ya que tenía fecha de 23 de enero de 1932. Es importante destacar el artículo segundo del mismo y que establecía que los religiosos y novicios de la Compañía debían cesar su vida en común en todo el territorio nacional en el breve plazo de diez días, a contar desde la publicación oficial del Decreto. Transcurrido ese tiempo, los gobernadores civiles serían los encargados de dar cuenta al Gobierno del cumplimiento de la orden. Pero, además, los miembros de la disuelta Compañía no podían, en lo sucesivo, convivir en un mismo domicilio ni de forma expresa ni encubierta, así como reunirse o asociarse para continuar los fines de la orden.

En muchos lugares los jesuitas intentaron sobrevivir en una suerte de cierta clandestinidad. Los que se habían dedicado a la docencia siguieron enseñando en academias, subvencionadas y protegidas por antiguos alumnos, padres y simpatizantes de los jesuitas de elevada condición socioeconómica.

La defensa de Fernando de los Ríos de la secularización de los cementerios

Fernando de los Ríos, a la sazón ministro de Justicia, presentó el día 4 de diciembre en las Cortes Constituyentes el proyecto de ley sobre secularización de cementerios[81]. El objetivo de este artículo es exponer el discurso del ministro en defensa de dicha secularización, aunque dejó muy clara la importancia del hecho sagrado en sí que suponía la muerte, independientemente de las ceremonias religiosas, demostrando la clara vinculación con la religión que mantuvo De los Ríos en su vida.

---

81.   Hemos consultado el número 7121 de *El Socialista*. También, Pedro Castiella, *Política religiosa de la II República,* que puede consultarse en la red. A su vez, podemos consultar el trabajo de Mikel Nistal, *Legislación Funeraria y Cementerial Española: una Visión espacial,* también disponible en la red.

Fernando de los Ríos comenzó su discurso recordando que la legislación civil española había estado supeditada a la canónica desde el siglo XVI. Aunque en España se hubieran adoptado regímenes constitucionales liberales o democráticos no se había producido modificación alguna en relación con la situación, considerada por el político socialista, como vejatoria en relación con los ciudadanos discrepantes con la religión oficial en los momentos cruciales de la vida, incluido el de la muerte. Ser disidente era motivo de sanción porque como tal se había venido considerando la privación del enterramiento en sagrado.

El establecimiento de la República había traído un cambio importante ya en el mes de julio de 1931 con un Decreto sobre Cementerios para impedir abusos, pero ahora era el momento de cumplir con el deber de dar satisfacción a una de las facetas más importantes en relación con la libertad de conciencia, y que no era otra que la que tenía que ver con la muerte. Los cementerios debían convertirse en el «lugar de la comunidad de los muertos», porque sagrados siempre serían los cementerios, independientemente de las ceremonias religiosas que en ellos tuvieran lugar porque, según el ministro, el carácter sacro lo recogía la tierra en la que se sepultaba a los humanos «por el halo de misterio religioso en que va envuelta la muerte y por el respeto y veneración que enciende en el alma el sentimiento de la separación eterna».

Pero secularizar los cementerios era un deber civil, y en ese momento se vinculaba con lo que estipulaba la Constitución que iba ser aprobada de forma inminente por las Cortes.

Fernando de los Ríos presentaba un proyecto de ley con cuatro artículos, que resumimos:

1. Los cementerios municipales serían comunes para todos los ciudadanos, sin diferencias fundadas en la religión, por eso llevarían el título de «Cementerios municipales», permitiendo

que cada culto realizase sus respectivos ritos funerarios. Las antiguas tapias que separaban en las necrópolis los cementerios civiles de los católicos debían derribarse. Las autoridades municipales se convertían en las únicas con responsabilidad sobre los cementerios, en relación con su guarda, conservación y régimen de enterramientos. Aquellos municipios que careciesen de cementerio debían construirlos según el plazo que determinase la ley.

2. Los cementerios privados existentes debían ser respetados, pero no se permitiría la apertura de ningún otro, ni la ampliación de los existentes.

3. Quedaba prohibida la inhumación en templos, criptas, casas religiosas ni edificios anexos.

4. Correspondería a los padres y/o tutores determinar la sepultura de los menores. Por otro lado, la voluntad expresa del difunto, o en su defecto la interpretación que hicieran de la misma, sería la que decidiese el carácter del enterramiento.

La secularización de los cementerios

Si los ilustrados y liberales se empeñaron, no sin grandes dificultades derivadas del peso de las tradiciones y costumbres, en racionalizar el sistema de enterramiento en España, en la Segunda República se emprendió una segunda reforma que tenía que ver menos con los aspectos sanitarios que con las relaciones entre el Estado y la Iglesia en los cementerios, en línea con las políticas secularizadoras emprendidas por el nuevo régimen, en aplicación de lo dispuesto por la Constitución de 1931. Los cementerios debían dejar de tener una vinculación religiosa, excepción hecha de las sepulturas en sí.

La primera disposición republicana sobre los cementerios es previa a la aprobación del texto constitucional. Un decreto del Gobierno

Provisional de 9 de julio de 1931, luego ratificado por las Cortes en el mes de diciembre, establecía el sometimiento de los cementerios civiles a los Ayuntamientos. Pero lo que es más importante, estipulaba que el carácter del enterramiento, ya fuera civil, ya religioso, era voluntad exclusiva del difunto y/o de sus familiares. Estas medidas hicieron que algunos Ayuntamientos decidieran, en virtud de las competencias adquiridas, terminar con la división en el seno de los cementerios entre su parte civil y la religiosa. Así lo hizo Barcelona en el mes de noviembre de 1931. En este sentido, el artículo 27 de la Constitución de 1931 establecía que los cementerios estarían sujetos exclusivamente a la jurisdicción civil, y no estaría permitida la separación de recintos por motivos religiosos. Este sería un motivo más de fricción con la Iglesia.

Unos días antes de ser aprobada la Constitución se presentó en el Consejo de Ministros el proyecto de Ley de Cementerios. El encargado hacerlo, lógicamente, fue el ministro de Justicia, Fernando de los Ríos. Había que desarrollar lo marcado por el texto constitucional. El proyecto se discutió claramente. Al parecer, el ministro había presentado un texto que permitía crear cementerios confesionales, pero Azaña fue categórico en este tema y esta posibilidad desapareció. El proyecto se aprobó y fue enviado a las Cortes para su discusión.

En el mes de enero un decreto aprobaba la cremación de cadáveres, un cambio sustancial en la Historia de los enterramientos en España, entrando en colisión con lo establecido por la Iglesia porque, aunque no se aludía a ninguna cuestión religiosa, la jerarquía eclesiástica lo interpretó como otro ataque a sus disposiciones canónicas. Otro problema tenía relación con la necesidad de que se habilitasen instalaciones para la incineración, aspecto nada desdeñable.

La discusión parlamentaria de la que sería la Ley de Cementerios fue adversa para los intereses de la Iglesia porque terminó siendo más laica de lo que había propuesto el Gobierno, a pesar de los intentos de los diputados de la derecha para que, al menos, se quedara en lo presentado por el ejecutivo, ya que entendieron muy pronto que una negativa total era imposible, dado su escaso peso parlamentario. La Ley fue aprobada el 30 de enero de 1932.

La Ley establecía en su primer artículo de forma clara que los cementerios eran municipales y comunes a todos los ciudadanos, sin diferencias internas en función de cuestiones confesionales, por lo que se debían derruir los muros internos, como hemos visto que se había comenzado a hacer. Los ritos religiosos funerarios solamente podían realizarse en la sepultura. Es importante destacar también que los Ayuntamientos podrían incautarse de los cementerios parroquiales o de cualquier otro que funcionase como cementerio general. Por fin, el artículo fundamental de esta Ley obligaba a que todos los Municipios españoles tuvieran cementerios de su propiedad. Se establecía un plazo de un año para construirlos si no los poseían.

El artículo segundo permitía la existencia de cementerios privados, pero no podrían ampliarse, y estaban sujetos a la posibilidad de ser clausurados.

El artículo tercero remarcaba la taxativa prohibición de la inhumación en templos y criptas, ni en ningún edificio religioso.

El último artículo estaba en línea con lo dispuesto en julio de 1931 sobre el carácter religioso o no del enterramiento, en función de lo expresado por el difunto en caso de mayoría de edad, y según lo que determinen los familiares para los menores. En este sentido, se generó una nueva polémica porque muchos notarios elaboraron un impreso para que se hiciera constancia del tipo de enterramiento que se deseaba. Pero el Gobierno prohibió estos documentos porque interpretó que vulneraban la estricta separación entre la Iglesia y el Estado, ya que los notarios estaban al servicio del Estado.

Ahora llegaba la hora de interpretar la Ley, y eso provocó nuevos conflictos entre la autoridad eclesiástica y la civil. El Gobierno publicó un reglamento en abril de 1933 para aplicar la Ley, insistiendo en la prohibición de los signos religiosos con la excepción de las tumbas, y en la cuestión de la imposibilidad de que existieran muros separadores en función de cuestiones confesionales. Otro motivo de conflicto tuvo que ver con las incautaciones de los cementerios parroquiales.

En febrero de 1934 se dio una orden, ya en el Bienio del centro–derecha, que pretendía que el poder público garantizase el derecho al enterramiento religioso en la medida que dispusiese la ley.

La cuestión de los cementerios no fue tan polémica como la de la educación, por ejemplo, pero sí generó intensos enfrentamientos y debates en el enconado conflicto entre la Iglesia y la República. La primera no quiso nunca abdicar de sus derechos y privilegios en esta materia ni en ninguna otra frente a la República que se empeñó en que no hubiera ningún signo religioso fuera de lo estrictamente personal (sepulturas). Bien es cierto que en el seno de las fuerzas republicanas y socialista hubo posturas, como hemos visto, más proclives a ceder en este tema, y permitir algunas concesiones a la Iglesia Católica porque se pensó que no era una cuestión de vital importancia frente a otros privilegios, pero se impuso la visión más estrictamente laica.

El integrismo: democracia, religión, demagogia y anarquía en 1931

En diciembre de 1931, en los momentos en los que se aprobaba la Constitución de la República, encontramos una reflexión desde el integrismo sobre la importancia de la religión en una democracia para evitar que fuera demagógica y anárquica[82].

El integrismo siempre defendió que no podía haber régimen político legítimo que no se basase en la religión católica, que debía informar todo ello, y que se identificaba, como hemos visto en más de una ocasión, con un sistema de monarquía tradicional. *El Siglo Futuro* fue el mayor paradigma de integrismo en España porque, además, se erigió

---

82.   Nuestra fuente ha sido el número del 5 de diciembre de 1931 de *El Siglo Futuro*.

no solo en bastión del mismo, sino también en fustigador de cualquier personaje público movimiento, partido o sector de opinión que, aún siendo conservador y católico tuviera veleidades liberales. En este sentido, es muy revelador su intensa crítica a Cánovas y al concepto de Restauración en una Monarquía liberal.

En el contexto de la República el periódico analizó el momento de llegada de las masas a la política y la democracia, defendiendo, como no podía ser de otra manera, la religión como informadora de la política porque en caso contrario se estaría en un régimen demagógico y anárquico, como ya hemos avanzado.

El integrismo creía que era justa y digna la dignificación del obrero. Pero se defendía que sacar al pueblo de la primitiva esclavitud y hacer libres a la masa de obreros que necesitaban trabajar para vivir, y hacerlos iguales a los demás, y hasta igualarlos para ocupar cargos públicos había sido la aspiración y obra del catolicismo desde el mismo Jesucristo. El periódico consideraba que antes de la llegada del cristianismo la mayoría del pueblo vivía en la esclavitud, siendo la religión quien había roto esas cadenas. Así el esclavo había pasado a ser siervo, y el siervo un hombre libre, y el hombre libre un ciudadano en una comunidad en el que todos sus miembros eran libres.

¿Cuál habría sido el método empleado por el cristianismo para conseguir todo esto? Para nuestro periódico había sido «suavemente, tiernamente», sin «exaltar ningún salvaje apetito», es decir, se estaba diciendo que no se había empleado ningún método revolucionario. Habría bastado con la difusión de las ideas del cristianismo entre ricos y pobres, llegando al corazón y empleando el amor. El cristianismo se dirigía con la misma autoridad, de carácter divino, a los pobres y a los ricos, predicando una misma fe, y así se llegaba a la democracia, como la interpretaba el integrismo. El siguiente paso era elevar la instrucción de las masas trabajadora para la participación política.

No habría nada que temer de todo esto, pero siempre y cuando las circunstancias del presente fueran como las del pasado, si las ideas cristianas circularan de forma potente entre todas las clases sociales, y el cristianismo condujera a los obreros, debidamente instruidos de sus derechos y deberes, «purificadas sus costumbres y bien arraigadas sus creencias» a participar en el gobierno, que se calificaba de justo, recto, tradicional y católico.

Fíjese el lector que esta participación de los obreros en la política sería la deseada si se cumpliese una condición, que se viviera como en el pasado y el cristianismo fuera potente. No era el momento en 1931, en una época donde el espíritu del pueblo, gracias a un siglo de liberalismo, de actuaciones socialistas y anarquistas, estaría contaminado con ideas consideradas como disolventes. Pero, además, y en línea con algo que expresamos al principio, esta considerada locura había sido permitida o aceptada por no pocos periódicos, «elementos llamados de orden» y hasta por católicos y clérigos, que abogaban por la democracia en las presentes circunstancias. Pero eso era considerado un suicidio, como se habría demostrado en la «desdichada, anticatólica y antisocial obra» desarrollada en las Cortes Constituyentes.

Así pues, un pueblo sin Dios era una constante amenaza, una fuente para el desorden. «La propiedad, la sumisión a las autoridades, la resignación con la propia suerte, hasta la seguridad personal» sufrían duros ataques desde el momento que al pueblo se le arrebatan las creencias religiosas y con ellas el freno de su conciencia. Cuando al pueblo se le apartaba de la religión, se le habían hecho odiosos los ministros de la misma, cuando los ricos se presentaban con «asiáticos lujos, costeados no pocas veces con injusticias, y la autoridad se convertía en un estorbo a su codicia y apetito, no quedaba más que el imperio de la demagogia y la anarquía». Estas consideraciones dejaban muy clara de qué tipo de democracia estaba hablando el integrismo.

La democracia era imposible, en conclusión, fuera del catolicismo, en un pueblo donde estuviera muy arraigado el espíritu religioso. Esta era la tarea a seguir. Esa democracia, y se citaba al papa León XIII, era la única fuerza capaz de oponerse a los desmanes. Todo esto era lo que tenían que meditar los que se llamaban elementos de orden, católicos y clérigos que sin distinguir las democracias habían sumado su voz y su voto en favor de la democracia sediciosa y atea, la que se padecía en ese momento.

Los socialistas ante la rebeldía de los obispos en 1932

En la primavera de 1932 dos obispos se rebelaron, en cierta medida, contra la legislación secularizadora[83].

En primer lugar, el obispo de Segovia dirigió una pastoral a sus diocesanos donde criticó intensamente el matrimonio civil, calificándolo de «torpe concubinato», el régimen republicano y la Constitución de 1931. El Gobierno le suspendió las temporalidades. Los socialistas calificaban esta medida de «templanza exagerada».

Por su parte, el obispo de Vitoria había ordenado, al parecer, a los presbíteros de su jurisdicción que no dieran cumplimiento a la Ley de Secularización de Cementerios, ni que en estos se colocara el letrero de «Cementerio Municipal».

Los socialistas denunciaron en *El Socialista* ambas actitudes. En primer lugar, les parecía inconcebible que los obispos emplearan su cargo oficial, y sostenido con fondos públicos, para inducir a los fieles al incumplimiento de leyes.

Para los socialistas la Iglesia no quería rendirse a la «evidencia de la realidad» en relación con la posición que se había colocado el Estado republicano en relación con la cuestión religiosa. Parecía inútil que se repitiera que la Constitución no reconocía una religión oficial, ni, en consecuencia, la obligación del mismo de subvencionar el culto, pero que eso no llevaba consigo persecución alguna de las ideas católicas ni

---

83.   Hemos trabajado con el número 7289 de 17 de junio de 1932 de *El Socialista*.

de quienes la profesan, sino únicamente la supresión de un privilegio que se consideraba injustificado, y que desde siempre había disfrutado la Iglesia, y que no era otro que imponer sus creencias y que los españoles sostuviesen a la misma.

En este sentido, se defendía el hecho de que la República había procedido con un «alto sentido de equidad» al dejar en libertad a los creyentes de todas las confesiones para que las practicasen libremente y sostuviesen su culto.

Lo que había hecho la República era impedir que el clericalismo siguiera dominando la vida colectiva española desde el nacimiento hasta la muerte. Pero el clericalismo no se resignaba a perder su privilegio y su influencia sobre las conciencias, además de la constatación de que se iba a perder su financiación. Esas eran las razones de su campaña «insidiosa» contra la República, a la que atribuían un espíritu persecutorio contra la Iglesia. Pero lo que también preocupaba a los socialistas era lo que calificaban de «inercia de los fieles», que por el mero hecho de que podían cumplir sus obligaciones religiosas sin que nadie les impusiese impedimento alguno podrían hallar la adecuada respuesta, precisamente, a los excesos orales o escritos a los que se entregaban algunos miembros de la Iglesia.

Los socialistas ante la reforma del matrimonio civil en la República

Una vez que desapareció la confesionalidad del Estado en la Constitución de 1869, y establecida, en consecuencia, la libertad de cultos, hubo que reformar la cuestión del matrimonio, aunque dentro, lógicamente, de la reforma del Código Civil. En el proyecto del mismo se planteaba que la única forma reconocida de matrimonio sería el civil. Mientras se producía la discusión y aprobación del Código, se promulgó el 18 de junio de 1870 una Ley Provisional de Matrimonio Civil, insistiendo en el hecho de que era el único reconocido. Esta fundamental reforma entraría en vigor en septiembre.

Con la Restauración, el Decreto de 9 de febrero de 1875 planteó que eran válidos con carácter retroactivo los matrimonios canónicos celebrados a partir de la entrada en vigor de la Ley de 1870, conservando como legales los matrimonios civiles para quienes no profesasen la religión católica. El Gobierno dio instrucciones a los jueces municipales para explicarles que solamente podían autorizar matrimonios para aquellos que manifestasen ostensiblemente no pertenecer a la Iglesia Católica.

Con la proclamación de la República, y de acuerdo con la separación clara entre la Iglesia y el Estado, se volvió a implantar el matrimonio civil obligatorio[84]. El 10 de febrero de 1932 se publicó una orden por la que se no se exigiría a los que solicitasen la celebración del matrimonio civil declaración alguna de sus creencias religiosas o religión que profesasen, en la línea de una orden anterior de 1906, pero que había sido derogada por una orden de 1908, que restituía el criterio mantenido por la real orden de 1900 en cuanto a la exigencia de presentar una declaración de «acatolicidad».

La Ley de 28 de junio de 1932 instauraba en España de nuevo el sistema de matrimonio civil obligatorio para todos los contrayentes, y derogaba definitivamente tanto la Ley de 1900 como la orden de 1908.

Nosotros queremos aportar la opinión socialista sobre la nueva ordenación del matrimonio civil en relación con la orden de febrero de 1932. Los socialistas se quejaban de que la orden de febrero había pasado un tanto desapercibida cuando tenía su importancia porque suponía cambiar aspectos del viejo orden. Los socialistas aprovechaban para recordar que para nacer, amar y morir había sido indispensable en España la bendición de la Iglesia. La orden del Ministerio de Justicia vendría a rectificar lo que se calificaba como una tradición de

---

84. Hemos trabajado con el número 7185 de *El Socialista,* del día 17 de febrero de 1932.

fanatismo, calificada como extranjera, considerando que era más genuinamente española la tradición, digamos, civil, una apreciación que, sin lugar a dudas, no deja de sorprendernos y que, a falta de más desarrollo no podemos comentar o interpretar.

Se insistía en el artículo de opinión que la religión debía estar en el templo y la conciencia, «donde nadie pensará en mortificarla», pero, de la misma manera no podía quebrar la unidad democrática y civil.

La orden del ministro Albornoz, dirigida al director general de los Registros, respondería a un clamor popular. Los propios socialistas se habían dirigido no hacía mucho tiempo para que se solucionasen las dificultades existentes para la realización del «matrimonio laico», y que iban en la misma línea de las medidas dictadas ahora. Se recordaba que la nueva orden derogaba fundamentalmente la real orden de 1900, al imponer la declaración expresa de no profesar el catolicismo.

Pero, aún siendo fundamental esta cuestión, los socialistas consideraban que la verdadera eficacia de la medida consistía en otros aspectos de la misma, relacionados con la práctica administrativa. Lo que importaba era destacar el deber del Estado para facilitar la celebración del matrimonio civil disminuyendo las dificultades que el sistema actual presentaba. Para cumplir tal fin debían existir en todos los Juzgados municipales impresos para solicitar el matrimonio civil, y que contuviesen todos los requisitos exigidos por el Código Civil. Los impresos deberían poder rellenarse con facilidad, y por ellos no se podrían exigir derechos ni emolumentos por parte de los encargados del Registro. Los socialistas consideraban que la orden movilizaba a los funcionarios del Registro Civil como servidores del Estado laico y custodios de ese carácter consagrado en la Constitución.

La política exterior de la Segunda República

La política exterior de la República

Entre los múltiples aspectos que tienen que ver con la Segunda República, la política exterior es de las menos conocidas y tratadas por la historiografía[85]. Parece evidente que otros ámbitos han tenido y tienen más importancia para los historiadores y que, realmente esta cuestión no fue una de las principales preocupaciones de los gobiernos de un signo político y de otro. No parece que hubiera una política exterior muy activa o programas exteriores bien definidos. Pero conviene acercarse a esta su estudio, especialmente en lo relativo a Europa porque, aunque las causas que provocaron el final de la primera experiencia plenamente democrática de España deben encontrarse en nuestro propio país no podemos olvidar que se produjo en el contexto de la crisis de la democracia y de la ruptura del equilibro de las relaciones internacionales provocadas por la presión del nazismo y el fascismo.

---

85. Podemos consultar la obra de Ángeles Egido León (ed.), *La Segunda República y su proyección internacional*, Madrid, Los Libros de la Catarata, 2023.

La democracia triunfó en el tránsito del siglo XIX al XX en Europa occidental cuando se constataron las carencias y agotamientos de los presupuestos políticos del Estado liberal. Había que incorporar a la mayoría de la población al juego político, contar con su confianza y apoyo. Por eso se amplió el derecho al voto. Los socialistas, por su parte, presionaron para que se reconocieran y garantizaran derechos y beneficios sociales a favor de las clases más desfavorecidas, para ampliar su apoyo social y frenar a las fuerzas revolucionarias, tanto de signo anarquista, como luego las comunistas, que presionaban desde su izquierda.

Después de la Gran Guerra parecía que se abriría un período en el que triunfarían los sistemas democráticos en toda Europa con la excepción de Rusia. Las potencias vencidas habían liquidado sus sistemas monárquicos y habían creado repúblicas democráticas inspiradas en los modelos políticos de los vencedores. Pero eso fue un espejismo porque se abrió un período de veinte años en los que la democracia entró en una crisis profunda y en el que parecía que terminaría por desaparecer.

Las enormes dificultades de la posguerra y la posterior crisis del 29 supusieron sendos golpes para la democracia en Europa. Las terribles consecuencias sociales de estas crisis, especialmente de la segunda, y las enormes dificultades de los gobiernos para enfrentarse a los nuevos problemas, especialmente en los países donde no había una tradición institucional democrática bien asentada, terminaron por desembocar en dictaduras autoritarias o en regímenes de nueva creación, los fascistas, que parecían como más eficientes para afrontar la crisis, ganándose a una parte considerable de la ciudadanía. Por su parte, las fuerzas más revolucionarias de signo comunista podían presentar ante la clase obrera la alternativa soviética frente a la democracia y también frente a la fórmula socialdemócrata. El miedo a la revolución fue otro factor que movió a los sectores conservadores a abandonar la democracia y ceder a la tentación autoritaria.

En este contexto, el 14 de abril de 1931, inaugurando una década intensa, compleja y fascinante, nacía la II República Española. Llegaba una nueva democracia, muy moderna, especialmente por su dimensión social, en un mundo donde la democracia estaba herida de muerte.

Los republicanos estaban muy preocupados en reformar y cambiar todos los ámbitos políticos, administrativos, económicos, sociales, educativos y culturales del país, además de intentar resolver los nuevos problemas internos que fueron surgiendo. Eran conscientes de los graves problemas internacionales del momento que les tocó vivir pero superaban sus capacidades ante la necesidad de cambiar España. En consecuencia, prefirieron mantener una política tradicional de neutralidad y buena vecindad, especialmente con Francia, dada también una cierta mayoría francófila, para poder centrarse en los problemas interiores y evitar entrar en las crecientes tensiones europeas y, especialmente en el Mediterráneo. También hay que tener en cuenta la debilidad militar española para entender esta neutralidad.

Entre los políticos con visión general en política internacional estarían, en primer lugar, Azaña y, claro está, Madariaga, uno de los personajes con más proyección internacional que ha tenido España en el siglo XX. También conviene destacar las figuras de Luis de Zulueta y Fernando de los Ríos, ambos ministros de Estado y embajadores. Azaña defendió siempre la neutralidad española para no entrar en conflictos, pero en línea con las posturas franco–británicas. Madariaga fue un claro defensor la Sociedad de Naciones, de la idea de que los Estados miembros debían identificar sus intereses particulares con la idea de la seguridad colectiva. Para Madariaga, España debía jugar un gran papel en la Sociedad por tener un régimen político muy avanzado. Pero era consciente de la debilidad española y abogó para que el gobierno siguiese con la política de neutralidad activa, aunque no tan dependiente de los franceses porque ambas repúblicas competían en la misma zona de intereses, ni de los británicos por el problema de Gibraltar. Pero eso no significaba que España se inclinase hacia la Italia fascista, ajena totalmente a la democracia y a los principios del derecho internacional. España debía relacionarse con otras potencias neutrales en la Sociedad de Naciones para defender la seguridad general. Otro objetivo de la política española tenía que ser crear un espíritu parecido al de Locarno en el Mediterráneo para evitar tensiones.

Así pues, el Bienio Reformista optó por una política de neutralidad, que libraba a España de compromisos, problemas y le permitía mantener buenas relaciones con las potencias de su área, además de ser una política sin altos costes en lo relativo a la defensa, para poder centrarse en la reforma militar.

Pero esta posición cómoda empezó a presentar problemas a medida que avanzaba la década. La neutralidad era muy difícil en un mundo cada vez más complejo. La Sociedad de Naciones estaba en crisis porque era incapaz de mantener la seguridad internacional. Ya no podía ofrecer garantías a las pequeñas potencias ante las apetencias del nazismo y del fascismo. A partir de mediados de la década se tendió a buscar la concertación entre las grandes potencias pero en función de sus intereses no de la garantía de seguridad para todos. Francia y el Reino Unido eran ya incapaces de hacer frente al nuevo planteamiento de relaciones internacionales que desde Berlín y Roma se defendía, un claro revisionismo de lo que se había hecho desde el final de la Primera Guerra Mundial.

Los gobiernos del Bienio Reformista y del Frente Popular sentían más cercanía con las dos grandes democracias europeas por evidentes razones ideológicas, pero, como ha quedado expresado, la diplomacia española evitó contraer compromisos importantes para no verse implicada en conflictos, en los denominados «avisperos europeos», según expresión de Alcalá-Zamora. La posición geográfica española en la zona del Estrecho era un factor claro para convertir al país en un protagonista internacional pero, por la misma razón también podía ser adversaria de todas las potencias. Ni Francia ni el Reino Unido querían que España se convirtiera en una potencia regional.

Con el Reino Unido se procuró tener siempre una buena relación, ya que el problema de Gibraltar quedó muy relegado si lo comparamos tanto con la etapa anterior como con el franquismo, tanto en la Segunda Guerra Mundial como posteriormente. Curiosamente, con la República Francesa los contenciosos fueron mayores: el problema del Estatuto de Tánger y las restricciones al comercio español.

Con Italia siempre hubo recelos. Roma consideró que la proclamación de la República española terminaría creando una estrecha alianza con la III República francesa, aunque nunca se produjo tal entente, ni tan siquiera cuando Herriot visitó España en 1932. Al no firmarse ningún pacto militar, se consiguió un cierto acercamiento con Italia con el fin de renovar el tratado de amistad que había firmado Primo de Rivera en su día. Pero el fascismo italiano siguió con sus recelos hacia España, incluso con los gobiernos de centro-derecha. Mussolini optó por firmar un acuerdo con la extrema derecha española en 1934 con el fin de derribar la democracia española.

Las conversaciones y acuerdos entre Francia e Italia para buscar la seguridad en el Mediterráneo excluyeron deliberadamente a España, como ocurrió con las negociaciones entre Laval y Mussolini en Roma en el año 1935, que arreglaba el contencioso tunecino a favor de Francia a cambio de compensaciones territoriales. El Gobierno se sintió humillado y, a la vez, temió que italianos, franceses y británicos arreglasen la cuestión de Tánger sin contar con los intereses españoles. Esta situación provocó el debate parlamentario de política internacional más importante de la historia de la II República, y que puso de manifiesto la débil posición española en este ámbito y de la dependencia de la seguridad nacional con el equilibrio europeo.

En ese año el centro-derecha español intentó un cierto cambio de posiciones. Se procuró un acercamiento a Italia, promovido por la CEDA, pero también hacia el Reino Unido, más receptivo a las pretensiones españoles sobre Tánger que Francia. También se procuró un cierto acercamiento hacia Alemania con el fin de comprar armas y para que la Gestapo asesora a la policía española.

La crisis de Abisinia tuvo evidentes repercusiones en la política exterior española. El gobierno optó por la neutralidad pero siguiendo fiel a su defensa de la SDN se unió a la política de sanciones.

En relación con la política exterior del Frente Popular destacaría la apertura de una legación diplomática soviética, aunque el establecimiento de las relaciones diplomáticas se había dado en la época del Bienio Reformista. Se enfriaron los acercamientos a Italia y Alemania, pero sin que esto significara un mayor acercamiento hacia Francia y el Reino Unido.

En cuanto a Portugal, las relaciones fueron complejas, tanto por los tradicionales recelos portugueses hacia España como por la postura hostil del salazarismo hacia la República española, solamente mitigado en la época del Bienio del centro–derecha.

En la primera etapa de la República resucitó el iberismo en España, al calor del debate constitucional sobre la organización territorial del Estado, visto con recelo por las autoridades portuguesas. Por otro lado, el gobierno español acogió a los exiliados que huían de la dictadura salazarista y hasta se entregaron armas a grupos que pretendían terminar con dicho régimen en Portugal. Lisboa acogió por su parte a los políticos monárquicos. Con los Gobiernos de centro–derecha se recompusieron las relaciones y comenzaron unas negociaciones para firmar sendos tratados de no agresión y comerciales pero todo quedó en nada cuando triunfó el Frente Popular. Salazar se alinearía claramente con los sublevados en 1936.

Por una nueva relación entre España y América en tiempos de la República

El escritor socialista valenciano Isidro Escandell reflexionó sobre las relaciones entre España y América en tiempos de la *República en el Almanaque de El Socialista* para el año 1933.

Para Escandell la proclamación de la República española debía romper la tradición política de España con América que había generado la Monarquía. Esa tradición consistiría, según su opinión, en una suerte de aislamiento español con respecto a los asuntos de América. España, al aislarse, daba pie a que otros países fuesen a América. La que más se había acercado había sido Italia, asegurando, aunque esto no lo hemos podido comprobar, que en 1922 casi había conseguido que el idioma italiano se «codificara oficialmente con el español». Escandell se refería a la Argentina donde habría estado trabajando muy activamente la numerosa colonia italiana allí residente, especialmente en Buenos Aires.

Todo lo más que se habría hecho en el pasado inmediato había sido un Tratado de Reciprocidad de los títulos con la República de Colombia en el año 1925. La Monarquía habría hecho una «labor fatal» en su política exterior con América.

¿Y qué había hecho ya la República para romper esa tradición que el régimen monárquico había generado y continuado? En principio, y siempre según nuestro autor, se había roto esa dinámica, aludiendo a los artículos 24 y 50 de la Constitución de 1931. Recordemos que el artículo 24 en su apartado segundo establecía que se concedería la ciudadanía a los naturales de Portugal y «países hispánicos de América, comprendido Brasil», cuando lo solicitasen y residiesen en territorio español, sin que perdieran ni modificaran su ciudadanía de origen. Por fin, en el artículo 50 se obligaba al Estado a atender a la expansión cultural de España estableciendo delegaciones y centros de estudio y enseñanza en el extranjero, «y preferentemente en los países hispanoamericanos».

El español en el ámbito sefardí en Salónica

Fernando de los Ríos pronunció una conferencia el 28 de febrero de 1932, siendo ministro de Instrucción Pública y Bellas Artes, en el madrileño Cine de la Ópera en un acto organizado por el Comité de Cooperación Intelectual sobre la actividad y orientación cultural de la República. En el mismo habló de la misión a Oriente, a Sofía, Bucarest, a Salónica y a Constantinopla.

Aquellos sefarditas, decía el ministro De los Ríos, seguían hablando español, y seguían teniendo la emoción para todo lo que representaba la cultura española.

Había que ir a buscarlos, pero sin intención imperialista, no se iba «por tierras ni por cuerpos», sino a reconquistar para la cultura española «las conciencias de los que todavía viven dentro del seno de esta cultura».

Fernando de los Ríos era fiel a su defensa de los sefardíes en el debate constitucional, y consecuente con su visita a los judíos en Tetuán a finales de 1931, es decir, pocas semanas antes de pronunciar la conferencia que recordamos. Esta defensa de los sefardíes provocó la ira antisemita de parte de la derecha Lamentablemente, los esfuerzos del ministro socialista en favor de los sefardíes no prosperaron.

Las visiones extranjeras sobre la Segunda República

Léon Blum y la proclamación de la Segunda República

Léon Blum publicó un artículo, que recogió *El Socialista* en abril de 1931, en el que el líder socialista francés hacía una serie de reflexiones sobre la proclamación de la Segunda República española en clave interna francesa, además de expresar su satisfacción por lo que había ocurrido en España[86].

Para Blum los acontecimientos españoles habían permitido saber quiénes eran realmente republicanos en Francia. Unos se habían alegrado de la caída de un trono, mientras que otros a duras penas disimulaban su disgusto. Los primeros deseaban la prosperidad de la República española, frente a los segundos que confiaban en que se produjeran problemas y el fracaso final de la misma. En realidad, debía estar hablando de izquierda y derecha.

---

86. Hemos trabajado con el número 6927 de *El Socialista* de 22 de abril de 1931. La última biografía que conocemos de Blum es de Serge Berstein, *León Blum,* París, Fayard, 2006.

Blum explicaba que ya la República francesa ya no tenía enemigos en Francia, aludiendo implícitamente a lo que había costado que la Tercera República se asentase definitivamente desde los tiempos de la ocupación prusiana y la Comuna con una fuerza incuestionable de monárquicos. En qué se reconocía, pues, un buen republicano en Francia se preguntaba el político socialista. Al parecer, había escrito al respecto en *Le Populaire* que el verdadero republicano era aquel para quien la República no solo era el régimen existente, sino el régimen elegido, al que habría que defender si era atacado, y al que habría que restablecer si fuera derribado. Interesante reflexión de Blum, especialmente por lo que habría de venir en Francia unos años después.

Pero los acontecimientos españoles ofrecían a su juicio un nuevo criterio, más sencillo y seguro. Bastaba con ver qué partidos y que periódicos acogían esos hechos con entusiasmo y a cuáles otros les costaba contener la nostalgia.

Por otro lado, nadie podía desconocer las dificultades con las que se enfrentaba el Gobierno Provisional español, que estaba gobernando a una nación emancipada. El rey Alfonso XIII habría caído, siempre según el político socialista, en unas condiciones que recordaban las de la Revolución de febrero de 1848 en Francia, bajo una especie de conspiración casi universal de desprecio y desconfianza. Pero también encontraba similitudes en las dificultades que surgían ante la coalición de vencedores. Blum deseaba toda la suerte a los amigos españoles porque la experiencia de la historia les iba a iluminar, a buen seguro, junto con la fuerza de la organización obrera, factores que habrían faltado en la experiencia histórica francesa citada.

Después realizó una serie de consideraciones sobre la Monarquía española, sobre su carácter finiquitado, para terminar, expresando su satisfacción por lo que había pasado en España porque despertaba en todos los «corazones republicanos» la misma alegría y el mismo anhelo, que pudieran extenderse a los demás países donde existía el despotismo enmascarado o no.

Los socialistas franceses y europeos en la proclamación de la Segunda República

En el Congreso de los socialistas franceses de Tours (Trianon–Park) de mayo de 1931 se dedicó bastante tiempo a celebrar la proclamación de la República en España[87]. Los socialistas españoles se hicieron eco de este hecho a través de la crónica de Antonio Fabra i Ribas, asistente al mismo.

En la primera sesión del Congreso se votó por unanimidad un saludo a la República de España. En los discursos de los intervinientes, especialmente en el de Blum, se aludió a la llegada de la República y a la contribución a ese nacimiento de la clase obrera organizada (UGT y PSOE). Pero no solo los oradores franceses se hicieron eco del hecho histórico, también los invitados de la Internacional Socialista. En este sentido, se destacó Louis De Brouckere (1870-1951), veterano socialista belga, defensor del pacifismo y del desarme a partir del fin de la Gran Guerra. Por su parte, en la misma línea estuvieron Crispien, delegado alemán, Compton por el laborismo, Oudergeest, a la sazón presidente del Partido Socialista holandés y exsecretario de la Internacional Sindical, y el italiano Pietro Nenni, que tanta vinculación tuviera con España en la guerra civil:

> «Mientras Nenni pronunciaba su discurso, entró en el salón el delegado del Partido Socialista Español. Fué un minuto particularmente emocionante el que puso frente a frente al representante de la Italia oprimida y el representante de la España democrática y socialista. El salón estalló en bravos como comprendiendo perfectamente bien, toda, el sentido de este contraste bajo la égida del Partido Socialista Francés. El público reclamó que la orquesta saludara al representante del Partido español tocando «La Internacional».

---

87. Hemos trabajado con el número 6960 de *El Socialista*. Sobre Fabra i Ribas, uno de los socialistas españoles más internacionales, podemos acudir al *Diccionario Biográfico del Socialismo Español*, donde, además, se incluye bibliografía sobre su figura.

Antonio Fabra i Ribas manifestó su emoción en su crónica, publicada en *El Socialista,* cuando Ziromsky tomó la palabra, y todo el Congreso se puso en pie aclamando a la República y al PSOE. Algo parecido ocurrió en el banquete celebrado en el gran salón del Hôtel de Ville, presidido por Morin, diputado y alcalde de Tours. El tercer gran acto donde también se homenajeó a la República fue el mitin en el Teatro Municipal, con oradores tan destacado como Léon Blum y Paul Faure, entre otros.

El socialista catalán recibió todo tipo de muestras de cariño de militantes de la SFIO, preguntándole por la situación española. La prensa socialista francesa se hizo eco a raíz del Congreso de lo que pasaba en España. En ese sentido *Le Réveil,* órgano de la Federación Socialista de Indre–et–Loire, publicó un artículo de León Martinet, titulado «¿A dónde va España?», donde, siempre según Fabra, se explicaba la génesis de la República, y se atacaba a los «agentes provocadores monárquicos», a las adhesiones, calificadas de hipócritas, así como a los comunistas. Pero a Fabra lo que le interesaba de ese texto era el análisis que el articulista realizaba sobre los peligros que podía correr el nuevo régimen, aludiendo a lo que había pasado en Francia después de la Comuna:

> «Entre tanto, mientras espera las próximas elecciones, que el pueblo español reflexione sobre nuestra, historia. Ente le enseñará que no debe confiar los destinos de su joven República a republicanos de última hora, a los resellados, coma Thiers lo fué en Francia, los cuales solo se preocupan de salvar las situaciones y las fortunas adquiridas de buena o mala manera. En España, como en los demás países, el pueblo es, y más precisamente el proletariado, el mejor sostén de la República».

En esa misma línea recordaba que el destacado y veterano socialista holandés, Jan de Roode, redactor de *Het Volk* de Ámsterdam, que había conocido a Pablo Iglesias, y que tenía trato con Largo Caballero, había pedido a la UGT y al PSOE que publicaran frecuentes comunicados en varios idiomas destinados a la prensa obrera socialista europea:

> «No es posible —me decía De Roode con tono conmovido— que dejemos insultar y combatir villanamente a esta República española que honra a la democracia general y a la clase obrera en particular, porque han sido dos nuestros, los nuestros —repetía, golpeándose el pecho— los que más han contribuido a su triunfo con el convencimiento, la fe y la pasión que todos siempre hemos reconocido en los militantes españoles».

Por fin, Fabra informaba que muchos socialistas europeos querían venir a España en el verano de 1931 para conocer de primera mano la experiencia española, por lo que rogaba que se les acogiese de la mejor manera.

Los socialistas finlandeses ante la proclamación de la Segunda República

El secretario general del Partido Socialdemócrata de Finlandia, a la sazón, K.H. Wiik, firmaba un comunicado de la formación política sobre la proclamación de la República en España[88]. Es el siguiente:

> «Bajo impresión de los grandes acontecimientos de que vuestro país ha sido teatro, sentimos la necesidad de expresaros los sentimientos de admiración y de solidaridad que experimentamos para con el proletariado español y el Partido Socialista Obrero. Conocemos las circunstancias difíciles en que habéis luchado durante los últimos años. Sabemos que, a pesar de cesas dificultades, habéis tremolado de modo admirable la bandera de la causa socialista. Después de la caída de la dictadura, vuestro Partido, tan consciente como siempre y más fuerte que nunca, interviene

---

88.   Consultado en el número 6933 de *El Socialista.*

en la política. Saludamos vuestra victoria como una de las más hermosas
que desde hace tiempo registra la clase obrera, y os deseamos de todo
corazón un porvenir cada vez más sereno, cada vez más luminoso, a
vosotros y a toda la España nueva.-Por el Comité del Partido Socialdemócrata de Finlandia, K. H. Wiik, secretario general.»

La prensa alemana ante la llegada de la República en España

Antonio Ramos Oliveira publicó en su columna de *El Socialista* un
análisis de cómo la prensa alemana había interpretado la proclamación
de la Segunda República[89].

Al parecer, la prensa «democrática» (izquierda, en la concepción de
Ramos Oliveira) alemana había acogido el acontecimiento con «un
comentario significativo» porque la República había llegado «sin do-
lores ni sangre», como el surgimiento de Venus en el Mediterráneo.
Ramos Oliveira consideraba muy significativo el símil, al pintar a la
República como una joven bella.

Todo español sabía a qué precio podía dar en ese momento vivas a
la República, sin que esos vivas se pareciesen a los vivas de Colón.
Mucho había costado deshacerse de la Monarquía, sangre y dinero.
Los alemanes, siempre según nuestro protagonista, habían vivido un
final de la Monarquía en circunstancias muy distintas. La misma les
había llevado a la Gran Guerra, que arruinó su economía y provocó
la pérdida de millones de personas. Por eso, veían la proclamación de
la República Española como si de un milagro se tratase. Pero la prensa
de derechas tenía otra visión de lo que había ocurrido en España.
Desde su nacionalismo valoraban la germanofilia de Alfonso XIII en
la Primera Guerra Mundial.

---

89.   Hemos trabajado con el número 6927 de *El Socialista* del día 22 de abril de 1931. Sobre
Ramos Oliveira podemos consultar sobre su figura, el *Diccionario Biográfico del Socialismo Español.*

Pero lo más significativo de la visión de estos medios era la vinculación que se hacía de la República Española con Francia. La proclamación del nuevo régimen se debía, en consecuencia, a la República Francesa. Ramos Oliveira se preguntaba si esta interpretación tenía que ver con la idea de la derecha alemana acerca de la supuesta incapacidad del pueblo español para hacer algo significativo, o, dada la vinculación monárquica de dicha derecha, aprovechar para arremeter contra la nueva República por el hecho de serlo.

Ramos Oliveira quería dejar claro que España no había debido nunca nada a Francia. En primer lugar, en dicho país, en alusión al sur del mismo, se explotaba a los trabajadores españoles, a los niños. Además, en Francia se había perseguido a exiliados políticos españoles, a petición del rey a través de la figura de Quiñones de León, que como sabemos, fue embajador en Francia. Según la interpretación de Ramos Oliveira, el embajador era el «botones» de Briand. Exponía, por fin, que los emigrados políticos que habían regresado a España relataban las persecuciones padecidas.

Tres jóvenes socialistas argentinos en la España de la Segunda República

En el verano de 1931 llegaron a España tres jóvenes, pero ya muy activos, socialistas argentinos, Alfredo López, Rene M. Stordeur y Antonio Gallo en una delegación para conocer la nueva realidad española, que tanto impacto había provocado en su país y en el Partido Socialista argentino[90].

---

90.   Sobre la vida y el trabajo de Gallo podemos acudir al *Diccionario Biográfico de las Izquierdas Latinoamericanas* (en la red), que nos ha aportado una valiosa información sobre la labor de Gallo en España. Lamentablemente, las biografías de sus dos compañeros de viaje a España no están todavía listas.

El Socialista se hizo eco de esta visita en los últimos días del mes de junio, comentando que venían a España en viaje de estudio, «siendo portadores de una gran voluntad y de un mayor deseo de sernos útiles» porque al corresponsal del periódico obrero español en Buenos Aires habían manifestado su deseo de colaborar[91].

Alfredo López tenía veintiséis años en 1931, y desde muy joven había militado en el movimiento gremial del Sindicato de Obreros Metalúrgicos. En 1930 fue nombrado redactor de la página «Movimiento Obrero» del periódico socialista La Vanguardia, el órgano del Partido. Estuvo en el Congreso constituyente de la Confederación Juvenil Socialista, órgano central de los jóvenes socialistas argentinos, además de ser director de su órgano, el periódico Juventud Socialista hasta finales de 1930. López esperaba recoger nuevas enseñanzas, calificándole el periódico como un «militante inquieto».

Rene M. Stordeur tenía veinticuatro años, era linotipista de profesión, y pertenecía a la Federación Gráfica Bonaerense de la capital federal. Obrero en los talleres gráficos de *La Vanguardia,* prestaba al mismo tiempo su colaboración en las páginas de dicho diario como cronista de la sección de teatro y cine. Fue fundador de la Confederación Deportiva Socialista, y más tarde de la Confederación Juvenil Socialista, de la que había sido miembro de su Comité Central. En 1925 se incorporó al Partido Socialista, teniendo algunas responsabilidades locales. Para *El Socialista* Stordeur era un «espíritu abierto al estudio» y del viaje sacaría «buenos ejemplos para su porvenir de socialista activo».

Antonio Gallo tenía dieciocho años en ese momento, y ya con quince había actuado en el movimiento juvenil socialista de la capital federal argentina donde ocupó distintas responsabilidades. Al cumplir los dieciocho ingresó en la Agrupación Socialista de la sección primera de Liniers. Colaboró en las publicaciones *Claridad, Revista Socialista* y también llegó a ser brevemente redactor de *La Vanguardia.* El periódico

---

91. En el número 6980 de *El Socialista,* de 24 de junio de 1931.

español pensaba que en este vieje de estudios tendría posibilidades para afirmar su «credo socialista».

Sabemos que Gallo actuó como orador el día 7 de julio en un acto de los universitarios perseguidos por dictaduras, que se organizó en el Ateneo de Madrid por la Federación Universitaria Hispanoamericana. También estuvo en Barcelona, donde se encontraría con el intelectual argentino y trotskista Héctor Raurich, con quien entabló una gran amistad y con quien también colaboraría. Precisamente, gracias a esta amistad contactó con Juan Andrade, Andreu Nin y demás dirigentes de la Izquierda Comunista Española, alineándose con el trotskismo. Comenzó a colaborar en la revista *Comunismo,* y tendría relación con los trotskistas catalanes que terminarían fundando el POUM. Regresó a Argentina en septiembre de 1931 para contribuir a la difusión del trotskismo en su país.

Los socialistas españoles de Buenos Aires ante la Segunda República

En Buenos Aires existía una Agrupación de socialistas españoles, que se reunieron para realizar un conjunto de peticiones al Gobierno provisional de la República, a través de Largo Caballero, en los inicios del verano de 1931, en plenas elecciones a Cortes Constituyentes[92]. Las diecinueve propuestas eran las siguientes:

1. Abolición de la pena de muerte.
2. Separación de la Iglesia del Estado y confiscación de sus bienes.
3. Supresión de los Tribunales militares.
4. Instrucción laica y racionalista gratuita y obligatoria para todos los niños hasta los catorce años de edad.

---

92. *El Socialista,* número 6986 de 1 de julio de 1931.

5. Sufragio universal y secreto para ambos sexos desde los veintiún años de edad.

6. Repatriación de los ciudadanos españoles que se encuentren en situación necesitada.

7. Amnistía general y amplia para prófugos y desertores.

8. Ciudadanía a los seis meses a los españoles que regresan a España.

9. Municipalización de las tierras que estén dos años incultas y su entrega a Sociedades obreras y Cooperativas agrarias para su explotación.

10. Agregados obreros a las Embajadas.

11. Prohibición de cotos de caza y criaderos de reses bravas.

12. Disolución del Cuerpo de la guardia civil.

13. Formación de una guardia republicana democrática.

14. Expulsión de todos los frailes y monjes y confiscación de sus bienes.

15. Sustitución de la cédula personal por cartera de identidad gratuita y perpetua.

16. Trabajo obligatorio para todos los ciudadanos españoles desde los dieciséis a los cincuenta y cinco años de edad.

17. Impuesto fuertemente progresivo sobre la renta del suelo rural, con recargo a los propietarios que no la cultiven ellos directamente o por medio de sus familiares.

18. Reducción gradual de les derechos de aduanas hasta su completa extinción.

19. Impuesto progresivo sobre la herencia.

Masonería y Segunda República

Las bases para el proyecto constitucional de la Gran Logia Española en 1931

El proceso constituyente de la Segunda República fue un momento histórico de una gran relevancia y riqueza porque se tradujo en un intenso debate entre distintas posturas y sensibilidades en un momento crucial de la historia española, ya que, en el mismo se intentaba democratizar el sistema liberal clásico, ya superado por la Dictadura de Primo de Rivera, en clara polémica con las resistencias clásicas al cambio de otros sectores políticos, sociales y económicos[93]. En ese momento, la Masonería no podía dejar de tener una evidente presencia, sin

---

93. Sobre la relación entre Masonería y Segunda República es muy recomendable el estudio de Cayetano Núñez Rivero, «La Masonería y la Segunda República Española (1931-1939)», en *Estudios de Deusto*, vol. 65, nº 1 (2017), y que podemos consultar en la red, porque plantea cuestiones para la investigación y el debate, como la relación entre los valores y principios masónicos y los republicanos, sobre si la Masonería fue o no un sujeto activo o pasivo de las reformas republicanas, así como una serie de consideraciones previas que intentan explicar en qué consiste la Orden, sus principios y carácter, además de ajustar aspectos sobre la presencia de masones en la República desde una óptica muy ponderada. También son de obligada consulta los artículos dedicados a la relación entre Masonería y República en el libro coordinado por Ferrer Benimelli, *Masonería, política y sociedad,* Vol. I, 1989, que recoge las ponencias del Symposium de Metodología Aplicada a la Historia de la Masonería Española, que se celebró en Córdoba en 1987. A través de Dialnet podemos consultar estos trabajos en la red.

olvidar que la misma como tal debe ser respetuosa con el orden y la ley, pero no podemos olvidar que ese orden se había resquebrajado y no se podía volver a las estructuras previas al golpe de septiembre de 1923. Los masones influyeron en la marcha de la política en la historia española, pero desde diferentes posiciones y partidos, con ideologías bien contrapuestas, desde el liberalismo hasta el socialismo, pasando por el republicanismo más o menos progresista, sin olvidar el universo anarquista al margen de la política. Solamente tuvieron en común su defensa de la tolerancia y contra el fanatismo. Como organización, la Masonería se limitó a opinar y presentar propuestas generales desde un intenso respeto y siempre guiada por los principios de libertad, igualdad y fraternidad, de tolerancia y desarrollo social. Es importante destacar que las Bases que aquí estudiamos coinciden, en gran medida, con la base ideológica más o menos común de la conjunción de republicanos y socialistas en muchos aspectos en su intento de modernizar España.

En este sentido, debemos enmarcar la resolución de Bases para el proyecto constitucional que presentó una de las Obediencias Masónicas, la Gran Logia Española. Acercarnos a las mismas enriquece nuestro conocimiento sobre el momento histórico que tratamos en este libro. Conocemos el texto gracias al diputado socialista, secretario del Congreso, además de masón, Juan-Simeón Vidarte, en su obra *Las Cortes Constituyentes de 1931-1933,* que editó Grijalbo en los inicios de la Transición Española, y que es de obligada consulta para los interesados en la cuestión por su visión como testigo y protagonista.

La Gran Asamblea de la Gran Logia Española adoptó estas Bases sobre el principio fundamental de la inviolabilidad del derecho humano. Así pues, comenzó con una parte dedicada a los derechos más clásicos: a la vida y seguridad de la misma, libre expresión (emisión y difusión del pensamiento) y libertad de conciencia con libre ejercicio de los cultos religiosos. En esta misma línea de derechos individuales, estaría el de la inviolabilidad del domicilio y de la correspondencia.

La igualdad ante la ley era un principio fundamental, en clara conexión con uno de los pilares de la Masonería.

La Gran Logia Española creía en la necesidad de la justicia gratuita para todos los ciudadanos, como un derecho fundamental, así como la extensión del jurado para toda clase de delitos, en línea con lo defendido por el liberalismo progresista y democrático desde el siglo anterior.

La educación, una de las grandes preocupaciones masónicas, debía basarse en la escuela única, neutra y obligatoria. Además, era imprescindible la libertad de cátedra. Todas las etapas educativas debían ser gratuitas, y se defendía la enseñanza de un «idioma universal», aspecto novedoso.

El sufragio debía ser universal, aunque no sabemos si incluía también el derecho femenino al voto.

En materia de derechos no estrictamente individuales, eran irrenunciables los de reunión, asociación y manifestación pacíficas.

Debía reconocerse el matrimonio civil con ley de divorcio y la legitimidad de los hijos naturales.

En material social, en tiempos en los que el constitucionalismo estaba incluyendo nuevos derechos, iniciando esta etapa la Constitución de México y la de Weimar, como lo haría la propia Constitución española de 1931, la Gran Logia Española defendía el carácter obligatorio del trabajo controlado por el Estado, garantizando las necesidades del individuo, tanto en su etapa vital activa como en el retiro («vejez»).

La transmisión de la propiedad debía limitarse en el ámbito de la tierra, estableciéndose el usufructo para los que la cultivasen, en una suerte de reforma agraria. En cuanto a la propiedad urbana, se habla del usufructo del inquilino. Así pues, la Gran Logia Española defendía a los trabajadores rurales y a los inquilinos.

Sin lugar a dudas, una de las cuestiones que más importaba a la Masonería tenía que ver con la relación entre la Iglesia y el Estado. Ya hemos aludido a la libertad de conciencia, al matrimonio y a la enseñanza laica, pero ahora interesaba definir otros aspectos, como la estricta separación de la Iglesia del Estado, la expulsión de las órdenes religiosas extranjeras y sometidas, las nacionales, a la legislación de asociaciones.

La Masonería defendía la abolición de la pena de muerte y de las cadenas perpetuas, estableciéndose la jurisdicción civil para todos los delitos, en clara alusión a la presencia militar en determinados delitos desde la Ley de Jurisdicciones. Las penas, como el sistema penitenciario, debían encaminarse a la «curación y reducación del individuo».

El servicio militar debía ser voluntario, y dedicado a la defensa del país, en caso de agresión, hasta que se consiguiese que triunfase el espíritu pacifista mundial y, por lo tanto, no hiciera falta dicho servicio.

La Gran Logia Española abogaba por una estructura federal para España. El individuo estaría representado en el municipio, ampliado a la «región natural», y desde allí a la federación de las mismas.

Demófilo de Buen y la tolerancia masónica en la República

Demófilo de Buen (1890-1946) fue un eminente catedrático de Derecho Civil y presidente de Sala del Tribunal Supremo. Aunque no se vinculó a ninguna formación política fue un destacado republicano, y colaboró institucionalmente en la Segunda República, sin dejar su carrera docente, además de asistir como delegado español a las sesiones en Ginebra de la OIT. En el exilio mexicano y panameño realizó una intensa carrera docente, aunque la muerte le sorprendió muy pronto. Dejó una gran obra, siendo además gran maestre del Grande Oriente Español. Nos adentramos en su faceta masónica a través de un texto sobre la tolerancia, publicado en el número de septiembre de 1931 del *Boletín del Grande Oriente Español,* y en relación con el momento histórico que se estaba viviendo, y en el que se estaban produciendo intensas polémicas al calor del debate constitucional.

Demófilo de Buen expresó claramente que una de las condiciones más exigible a un masón era la de la virtud de la tolerancia, aunque, en su opinión no siempre había sido así, refiriéndose a la época de la masonería operativa, de «gremios y guildas de constructores», que no se vio ajena al espíritu intolerante de su época. El masón de aquella masonería tenía que ser fiel a Dios y a la Iglesia, sin poder «caer en la herejía». Pero en la masonería especulativa, siendo ya una asociación de carácter filosófico y no una «corporación de clase», el masón pasaba a ser fiel a la tolerancia, citando a las *Constituciones de Anderson*, aludiendo especialmente a la idea de una «amistad sincera» entre personas que, de otro modo permanecerían extrañas las unas a las otras.

Y en eso estribaba la tolerancia para nuestro protagonista, es decir, la capacidad de tener una amistad sincera con hombres de ideas distintas. Sería como una afinidad basada en el «fondo común de la humanidad». La tolerancia se convertiría en una defensa contra el impulso tiránico que en ciertos momentos nos llevaba a querer conformar a los hombres con arreglo al propio patrón, contribuyendo a una homogeneidad que calificaba de monótona, «como de seres fabricados en serie».

En el terreno social la fórmula de la tolerancia sería la libertad, una libertad que no podría vivir sin la tolerancia, porque las leyes no servirían para nada si los hombres no tuvieran educada su voluntad para cumplirlas.

La tolerancia, por lo demás, solamente se aprendería por la práctica y con el ejemplo. No bastaría con enunciarla o con el empleo de máximas, sino que habría que vivirla.

Y una vez definida la tolerancia, Demófilo de Buen pensaba que la masonería debía cultivar, más que nunca, dicha virtud en esos momentos en España. Las pasiones se encendían, había contrastes de ideas y de intereses, de choque entre «obstáculos tradicionales y afanes de progreso», y los hombres se separaban en banderías, por lo que en las logias y templos masónicos no se debía practicar el «rito de la discordia».

La masonería tenía que contribuir a la unión entre los españoles que luchaban desde campos distintos con el fin de construir una España nueva, con más justicia y más limpia. Los masones tenían la obligación de trabajar para que se hallasen «instantes de tregua y de comprensión». Tenían que educar en los hábitos de la convivencia y el respeto, porque sin esas dos condiciones era imposible llevar una vida civil.

En todo caso, Demófilo de Buen explicaba que si los gobernantes españoles tuvieran que imponer la «dura ley de usar de la fuerza colectiva» para exigir la condiciones mínimas para que pudiera desarrollarse la vida civil, los francmasones tendrían que cumplir con su «triste», pero necesario deber, advirtiendo, por lo demás, que debían dominar los impulsos de la intolerancia y del «goce en el castigo», aunque las víctimas fueran los «eternos perseguidores de la francmasonería».

El conflicto entre trabajo y capital: una visión masónica en los años treinta

En el seno de la Masonería, Luis Massip, un destacado masón, realizó una reflexión a finales de 1932 sobre la relación entre el capital y el trabajo, muy en la línea de lo que desde el siglo anterior defendía la orden[94].

Massip exponía el conflicto entre burguesía y proletariado, capital y trabajo. Mientras la burguesía aprobaba leyes para reprimir al pueblo, este realizaba revoluciones para destruir a aquella. Era una lucha que

---

94. Hemos empleado como fuente el número de octubre de 1932 del *Boletín del Grande Oriente Español*.

se enconaba cada día, achacada, en su opinión por el error, por la «venda que impuso la Religión».

Para nuestro protagonista el trabajador del presente en el que escribía ya no era como el del pasado porque había dejado la ignorancia atrás al ser consciente de sus derechos (¿una formulación de la conciencia de clase?), por lo que ya no era tan fácil quitárselos. De ahí que la lucha se hubiera intensificado.

Para Massip el burgués simbolizaba el pasado frente al obrero, que representaba el porvenir. Era una lucha entre la tradición y el progreso.

En esa especie de torneo creía que vencería el trabajo. El capital era representación de la riqueza, pero el trabajo era la riqueza efectiva, es decir, era más real. Pero ambos se necesitaban, y en el reparto de beneficios estaba el problema. Ese era el origen del conflicto, porque el capital quería imponer el precio al trabajo, siendo casi siempre irrisorio, frente al trabajo que pretendía un reparto más equitativo, por lo que para Massip este tenía la razón, porque, además, el capital solo nada podía producir, y el trabajo solo, en cambio, sí podía producir, de ahí su importancia.

Pero, a pesar de que Massip se estaba declarando claramente favorable hacia el trabajo no estaba defendiendo una revolución, como podríamos imaginar de todo lo apuntado. En la pugna de dos derechos, es decir, los de la burguesía y el proletariado la Masonería debía respetarlos todos. Como el conflicto surgía por la incomprensión de una de las dos partes, era obligación de la Masonería hacer ver el límite que no se debía sobrepasar, como una suerte de mediadora. Aludiendo a las herramientas de la Masonería —nivel y regla—, es decir, la igualdad y la rectitud, tenía que reconocer el derecho conculcado y restablecer a cada uno en su puesto, restaurando la paz. Así pues, la Masonería tendría una misión social doble: iniciar al obrero en sus derechos, y mostrar al patrono los límites de los suyos, pero, insistimos sin alterar, realmente el orden social establecido. Y eso, porque esa misión masónica se fundamentaba en su concepción de la fraternidad.

La crisis del mundo y la masonería en los años treinta

Augusto Barcia Trelles (1881-1961) fue abogado, periodista, escritor y político republicano, llegando a ser diputado en Cortes entre 1916 y 1923, y luego desde la segunda legislatura de la República, además de ministro de la Gobernación y de Estado ya estallada la Guerra, y durante unos días de mayo, presidente del Consejo de Ministros. Barcia tuvo un destacado papel en el Ateneo, en el atletismo español y en la Asociación de la Prensa de Madrid. Fue, sin lugar a dudas, y como decíamos al principio, un destacado masón. Siendo Gran Comendador del Supremo Consejo del Grado 33 renunció al cargo cuando en 1933 fue elegido diputado por entender que su responsabilidad en la Masonería era incompatible con su regreso a la política.

Barcia exponía en un texto que se publicó en el *Boletín del Grande Oriente Español,* en septiembre de 1931, que los momentos de crisis por los que estaba pasando el mundo en su tiempo la Masonería debía observarlos y estudiarlos con esmero y atención. La crisis que afectaba a todo el mundo tenía una raíz económica. No debemos olvidar que escribía en un momento donde se habían declarado de forma brutal las consecuencias de la Gran Depresión. Por eso, decía Barcia, sus repercusiones sociales eran muy dramáticas y dolorosas. Para Barcia la crisis era un fracaso de la civilización, al menos de cómo se había formado en el siglo xix. Los hombres estaban viendo que los ideales de justicia no se podían realizar dentro del régimen existente, por lo que vivían en «perenne y acentuada desazón». En ese aspecto, parece que Barcia estaba hablando de cómo la democracia estaba en crisis, en nuestra interpretación.

Para Barcia había un problema basado en el materialismo imperante, y en el abandono de la espiritualidad.

Barcia planteaba que la Masonería, en lo que tenía de imperecedera o de eterna, informaba sobre el cultivo de las supremas virtudes, en el «sacrificio por el ideal y en el sentimiento de los máximos deberes» porque allí estaría la garantía del triunfo de la especie humana.

Principios masónicos en religión, política y sociedad en la España de 1932

Entre los acuerdos tomados en la Asamblea General Extraordinaria del Grande Oriente Español, celebrada en Madrid en febrero de 1932, se recordaron los principios masónicos en el orden religioso, político y en el social[95]. El objetivo era encontrar raíces comunes con el fin de «unir las diferencias de nuestro pensar y nuestro sentir», en relación con los masones.

Para el Grande Oriente Español el orden religioso era el principal porque se consideraba que era la base de todos los demás, de las doctrinas políticas y sociales, porque debían sustentarse en una ética, y esta sobre una metafísica, es decir sobre un intento de explicación universal, sobre una religión, pero en el más amplio y elevado sentido de la palabra.

Y era muy importante porque España tenía un problema religioso, porque este tema era polémico, y por eso se pensaba que la Masonería tenía que fijar su posición al respecto.

En primer lugar, se insistía en que la Masonería no era irreligiosa, que no combatía ningún sentimiento ni credo religioso, pero sí la «intolerancia dogmática». Y en la Asamblea se quería repetir esto y no solo en relación con el exterior, es decir, con el mundo profano, sino en el interior de la misma, en los templos masónicos. Por otro lado, es significativo que se quería rechazar no solo el dogmatismo cuando venía de una «religión positiva», sino también del dogmatismo materialista. Ambas cuestiones eran consideradas antimasónicas.

---

95. Hemos consultado el número de septiembre de 1932 del *Boletín del Grande Oriente Español.*

La raíz común en lo referente a las opiniones religiosas o filosóficas, de la que tenía que brotar la fraternidad y la tolerancia. Así pues, debían estudiarse en los talleres (logias) los principios, simbolismos, doctrina y rituales masónicos. Y de esa manera se vería que los masones, tanto si interpretaban al Gran Arquitecto del Universo como a un Dios antropomórfico, que como una conciencia universal a la manera de una energía cósmica, estaban obligados a regular el fundamento moral de sus actos. Por eso la Masonería era profundamente religiosa, y se insistía, por consiguiente, en el rechazo a la intolerancia del dogmatismo, pero también de los que estaban faltos de la inquietud espiritual.

En el orden político, por su parte, la Masonería ratificaba su fe en el lema de la Libertad, Igualdad y Fraternidad, una fe liberal y democrática incompatible con cualquier dictadura, tiranía o despotismo, procediese de donde procediese. Y en el orden social, la Masonería, basándose en el mencionado lema, no podía tolerar la explotación del hombre por el hombre, que mientras unos vivían en la opulencia otros en la miseria. La Masonería no podía desentenderse y debía condenar la injusticia del régimen económico en que se vivía. Lo mismo que se había luchado por las libertades políticas, sin descender a los partidismos, debía luchar por la llegada de un régimen de verdadera justicia social.

Símbolos y homenajes

El himno de la República para María de Lluria

María de Lluria —María Vinyals y Ferrés— constituye una figura fundamental en la historia del feminismo, y del socialismo en España. Pintora y escritora en prensa, miembro de la Agrupación Socialista Femenina de Madrid entre 1917 y 1918, de la Escuela Nueva, y luego en la Agrupación Socialista Madrileña a partir de 1931, terminando sus días en la Francia ocupada.

María de Lluria publicó en el número del 2 de mayo de 1931 del diario socialista, donde trataba sobre símbolos políticos a cuenta de la reciente proclamación de la Segunda República, y que lleva por título «Hacia el porvenir».

Para María de Lluria el himno de Riego iba asociado a las giras políticas por España porque había sido empleado en las campañas electorales. Era sinónimo de discursos y de vivas a la libertad. Curiosamente, nuestra protagonista consideraba que era una música ramplona (con «acordes ramplones» comenzaba el artículo), pero nunca había dejado de escuchar con emoción esa música, aunque parecía más ramplona aún cuando iba acompañada de la *Marsellesa*.

La autora consideraba que la *Marsellesa* se había convertido por su «embriagadora melodía» en el himno internacional de todos los que pensaban de forma fraternal en la libertad individual y colectiva. Pero, María de Lluria recordaba que, realmente, la *Marsellesa* era un himno guerrero y sangriento porque la letra evocaba campos de batalla, y hasta parecía una reivindicación de la violencia a la hora de implantar la justicia. En todo caso, podía ser el himno del 14 de abril, aunque sabía que había un nuevo himno. Si existía debía publicarse para que fuera de todos conocido con el fin de que se convirtiese en el «verbo de la joven República», para no tener que recurrir a un himno extranjero ni a la «música de organillo», cuya evocación era muy querida para María de Lluria, pero por lo que significaba, no por lo que era.

Era muy importante que la República tuviera un himno, porque el canto era expresión o «fórmula mística» del júbilo, y había que cantar porque era la hora, pero María de Lluría quería que se cantase bien, de forma afinada, como correspondía a la nobleza del momento.

Los honores militares a Mariana Pineda en su centenario

El 26 de mayo de 1831 fue ejecutada Mariana Pineda[96]. La recién estrenada Segunda República no podía dejar de honrar a la heroína liberal, como un referente histórico de la lucha por las libertades en España, con el precedente de la breve Primera República, y de los anteriores inicios de la Revolución liberal. Cada régimen político construye su propia memoria, y en el republicano la granadina tenía que ocupar un lugar destacado, como mártir, y también, como veremos, como mujer.

---

96. Hemos trabajado con la *Gaceta* del día 9 de mayo, y con el número 6942 de *El Socialista*. Por otro lado, es muy conveniente consultar el siguiente trabajo para conocer un poco mejor a Mariana Pineda: Carlos Serrano, «Mariana Pineda (1804-1831), 2000. Mujer, sexo y heroísmo», en Isabel Burdiel, y Manuel Pérez Ledesma, (eds), *Liberales, agitadores y conspiradores, Biografías heterodoxas del siglo XIX,* Madrid, pp. 99-126.

La *Gaceta* del 9 de mayo de 1931 publicó el Decreto de dos días antes en el que se daban instrucciones para conmemorar el primer centenario de Mariana Pineda.

El Gobierno Provisional, y, como sabemos, a propuesta de Azaña, como ministro de la Guerra, recordaba que el 26 de mayo se celebraría el primer centenario de la muerte de la «insigne heroína de la libertad» dona Mariana Pineda y Muñoz, deseando que todos los actos que se celebrasen en tan «gloriosa fecha» (recordemos que ese fue el día de su ejecución) estuvieran revestidos de la máxima solemnidad porque lo que se pretendía era honrar debidamente su sacrificio, como una de las «máximas figuras del martirologio liberal», dando importancia también a su condición de mujer.

Por todo ello, el Gobierno decretaba lo siguiente:

1. Desde el toque de diana hasta la puesta de sol del día 26 de mayo se dispararía un cañonazo cada media hora, siendo de veintiuno la primera y última salvas.
2. El capitán general de la segunda región tendría que dictar las disposiciones oportunas para que las fuerzas militares de Granada contribuyesen a dar la máxima brillantez a las solemnidades que se celebrasen esos días.

No debemos olvidar que en la recuperación de la memoria de Mariana Pineda se destacó Fernando de los Ríos, y a instancias de él, Federico García Lorca con su obra dedicada a Mariana, en los años veinte. La República celebró distintos actos, y después se emitió un sello de correos. El propio ministro participaría en las ceremonias que se celebraron en Granada.

El homenaje a Galán y García Hernández en el Congreso de los Diputados en 1931

En el mes de agosto de 1931, las Cortes republicanas aprobaron que los nombres de los capitanes Fermín Galán y Ángel García Hernández lucieran en uno de los lienzos (en lápidas) del palacio de la Carrera de San Jerónimo, según propuesta del Gobierno por el sacrificio que hicieron con su vida para hacer «posible la aurora de la libertad en España»[97].

La proposición fue defendida por el presidente del Gobierno, Niceto Alcalá-Zamora, para pedir la unanimidad de la Cámara. No se trataba de enaltecer o juzgar la sublevación anticipada sino el ejemplo moral de ambos capitanes que sacrificaron su vida por una idea. La Cámara debía homenajear este aspecto. Es interesante observar que el Gobierno no estaba pidiendo en sí el homenaje al hecho militar, aspecto que puede ser interpretado como un intento del ejecutivo para que no se convirtiera en un argumento que pudieran emplear los militares descontentos con el nuevo régimen, y así encontrar una justificación para una sublevación.

Manuel Carrasco i Formiguera, miembro de la Coalición Catalana Republicana, que encuadraba a los partidos de centro e izquierda del catalanismo, y que al año siguiente ingresaría en la Unió Democràtica de Catalunya, además de ser uno de los más fervientes defensores de la conciliación de la República con la Iglesia Católica, pidió la palabra, aunque Besteiro, como presidente de la Cámara, insistió en que se votara por unanimidad para que el homenaje fuera del «tono» que merecían los «héroes». Pero Carrasco i Formiguera insistió en pedir la palabra para expresar que no se oponía a que prosperase la proposición, pero la minoría catalana deseaba que se uniese a los nombres de los dos militares otros que también habían dado su vida por la libertad.

---

97. Hemos consultado la crónica en el número 7016 de *El Socialista*.

Besteiro interrumpió al político catalán para indicarle que si tenía otros nombres los propusiese a la Cámara por los medios reglamentarios.

Joaquín Beunza, miembro de la Coalición católico-fuerista, y diputado por Navarra en la minoría vasco-navarra, se opuso a la proposición porque, aunque era partidario de premiar el heroísmo y el espíritu de sacrificio, no le parecía que hubiera que hacerlo en este caso porque los militares no debían poner sus fuerzas al servicio de ninguna idea. No le hubiera parecido mal el homenaje si los dos capitanes hubieran pasado al retiro antes de «lanzarse a la vida política». La intervención provocó rumores.

La proposición salió aprobada por aclamación.

Fernando de los Ríos en el homenaje a Joaquín Costa en 1932

En febrero de 1932 se celebró un importante homenaje a Joaquín Costa[98]. *El Socialista* dedicó un artículo para reseñar el mismo porque fue la primera vez que adquirió una dimensión institucional de envergadura. Recordemos que Costa falleció el 8 de febrero de 1911. Los socialistas quisieron dejar claro que el homenaje era una especie de desagravio que el pueblo aragonés rendía a una figura «un poco olvidada». Al parecer, era la primera vez que se cumplía el acuerdo municipal, tomado a raíz de la muerte del político regeneracionista, de celebrar en el Teatro Principal una velada en su honor cada 8 de febrero. La relevancia del homenaje aragonés, además, venía dada por la participación de un ministro de la República, de Fernando de los Ríos. Su visita, además, tuvo una dimensión práctica, como veremos.

El día 8, por la mañana, se realizó un acto que sí debía haberse hecho los años anteriores, y que consistía en depositar coronas en la tumba

---

98.   Hemos consultado los números 7178 y 7179 de *El Socialista*.

de Costa, enterrado en el Cementerio de Torrero. Estuvieron el alcalde y la corporación municipal, y destacadas personalidades republicanas aragonesas. El alcalde pronunció un discurso en memoria de Costa.

Por la noche llegó a Zaragoza el ministro de Instrucción Pública, Fernando de los Ríos. El recibimiento fue intenso, con asistencia de socialistas de Zaragoza y otras poblaciones, comisiones del PSOE y del Ayuntamiento, y los diputados Albar, Algora, Arbones, y Marraco. El ministro se alojó en el Gran Hotel donde sería cumplimentado por las distintas autoridades, así como por docentes y miembros de la FUE, y hasta por católicos, según refiere la crónica periodística. La noche se cerró con una cena y una especie de fiesta de jotas.

A mediodía del día siguiente, después de trabajar en el hotel, De los Ríos visitó el Grupo Escolar Costa, donde prometió que se enviarían estampas de la Calcografía Nacional para dicho Colegio y otros. De esta visita habría que destacar que el ministro pidió a las autoridades regionales y locales que se pusieran de acuerdo con las empresas teatrales de Zaragoza para que dieran representaciones gratuitamente en el salón de actos del centro educativo.

Después se dirigió a la Escuela de Veterinaria, la Universidad y la Escuela Normal de maestros, preocupándose mucho del estado de las instalaciones, hablando con el alcalde de la posibilidad de instalar en el edificio del Salvador de los jesuitas la Normal, la Escuela de Veterinaria y el Instituto de Segunda Enseñanza. Después asistió a un banquete del Ayuntamiento, donde Fernando de los Ríos dio una conferencia.

Por otro lado, en Graus, localidad natal de Costa, se celebró otro homenaje, organizado por la colonia aragonesa en Barcelona.

Al parecer, siempre según el periódico obrero socialista, se imponía la necesidad de realizar un homenaje nacional a Joaquín Costa. La República debía rendir tributo a su memoria. Al menos, se realizó un acto en el Ateneo de Madrid.

El homenaje a Victoria Kent en el invierno de 1932

Victoria Kent fue una mujer comprometida, tanto en relación con la emancipación de la mujer, como con el proyecto de modernizar España, además de ser una pionera práctica de la participación de la mujer en la Administración. Su posición sobre el reconocimiento del derecho al sufragio de las mujeres en el debate constitucional de 1931 debe ser entendida en un contexto determinado y, bajo ningún concepto, supuso una negativa al mismo. Conviene insistir en esta materia y alejarse de los trazos gruesos.

En febrero de 1932, Victoria Kent fue homenajeada[99].

El banquete-homenaje a Victoria Kent tuvo lugar el 26 de febrero de 1932, cuando ya llevaba un tiempo siendo directora general de Prisiones. Estuvo arropada por destacados políticos, incluidos tres ministros: Fernando de los Ríos, como ministro de Instrucción Pública, y que había sido como ministro de Justicia del Gobierno Provisional quien había apostado por nuestra protagonista, Álvaro de Albornoz, a la sazón ministro de Justicia y, por fin, Indalecio Prieto, ministro de Obras Públicas.

Pero, además, estuvieron presentes Luis Jiménez de Asúa, Teodomiro Menéndez, Sánchís Banús, Amos Sabrás, Margarita Nelken, y el subsecretario de Justicia. En el acto participaron también las funcionarias de la Dirección General de Prisiones, una representación del Lyceum Club, funcionarios del Ministerio de Justicia, y diputados del Partido Radical–Socialista, al que perteneció Victoria Kent.

El acto comenzó con la lectura de las tradicionales adhesiones. Después se leyó una poesía publicada en *La libertad,* por parte de Luis de Tapia, y dedicada a la homenajeada.

---

99.   Hemos consultado el número 7194 de *El Socialista.*

Jiménez de Asúa resaltó que Victoria Kent no era una advenediza de la República, sino que ya era republicana en tiempos de la Dictadura de Primo de Rivera. En esa época se había destacado por su defensa de Albornoz en el Consejo de Guerra que padecieron los que luego serían los miembros del Gobierno Provisional de la República. Como buen jurista quiso remarcar que la abogada supo realizar una defensa adecuada, acumulando elementos de descargo en favor de su defendido, pero, además habría demostrado que eso no era obstáculo para que omitiera la emoción política.

Victoria Kent agradeció el homenaje, resaltando que su único mérito era el de aplicarse al cumplimiento del deber, intentando llevar a las prisiones ese espíritu humano al que se refería Jiménez de Asúa.

Bibliografía

Además de las referencias bibliográficas en el texto, recopilamos una bibliografía general sobre la Segunda República donde han primado las obras más recientes, aunque sin olvidar otras clásicas que siguen siendo imprescindibles:

Bilbeny, Norman (ed.), *La Segunda República española: textos fundamentales. Selección de leyes, discursos y proclamas,* Universitat de Barcelona Edicions, 2021.

Buren, Rubén (ed.), *Segunda República,* Pinola, Madrid, 2024.

Casanova, Julián, *República y Guerra Civil,* Vol. 8 de la *Historia de España,* dirigida por Josep Fontana y Ramón Villares, Crítica/Marcial Pons, Barcelona, 2007.

Enkvist, Inger, *El naufragio de la Segunda República,* La Esfera de los Libros, Madrid, 2024.

Fernández Liria, Carlos y Casado Arenas, Silvia, *¿Qué fue la Segunda República? Nuestra historia explicada a los jóvenes,* Akal, Madrid, 2019.

G. Payne, Stanley, *La primera democracia española. La Segunda República, 1931-1936,* Editorial Paidós, Barcelona, 1995.

Gil Pecharromán, Julio, *La Segunda República. Esperanzas y frustraciones,* Historia 16, Madrid, 1997.

Jackson, Gabriel, *La República española y la Guerra Civil,* RBA, Barcelona, 2005.

López Villaverde, Ángel Luis, *La Segunda República. 1931-1936: las claves para la primera democracia española del siglo XX,* Sílex Ediciones, Madrid, 2017.

Palacios Bañuelos, Luis, *Historia de la Segunda República,* Almuzara, Córdoba, 2021.

Preston, Paul, *La destrucción de la democracia en España,* Debate, Madrid, 2018.

Tuñón de Lara, Manuel, *La II República,* Siglo XXI, Madrid, 1976.

V.V.A.A., *La Segunda República Española,* Editorial Pasado y Presente, Barcelona, 2021, (tercera edición).

Biblos

**www.libros-biblos.com

www.ingramcontent.com/pod-product-compliance
Lightning Source LLC
Chambersburg PA
CBHW021426150726
47989CB00001B/133